Die Stichworte der Silberleute.

Besprochen

von

Ludwig Bamberger.

Fünfte verbesserte und vermehrte Auflage.

Berlin W.
Verlag von Rosenbaum & Hart
1893.

Inhalt.

Seit dem Zusammentritt des deutschen Reichstages im Herbst 1892 hat die Agitation gegen die bestehende deutsche Münzverfassung einen neuen Ansturm begonnen. Fragt man, was dazu veranlaßt haben mag, so tritt zunächst hervor, daß diejenigen Umstände, aus denen sie ihre Berechtigung herzuleiten versucht, einen Anhalt für diese erneuten Anstrengungen nicht geliefert haben. Darum liegt es nahe, daß nicht sachliche Gründe, sondern allgemeine politische Verhältnisse hier wirksam eingegriffen haben.

Erneute Agitation gegen die deutsche Münzverfassung.

Bekanntlich stützt sich die Partei der Doppelwährung neuerer Zeit fast ausschließlich auf die angeblichen Interessen der Landwirtschaft, mit anderen Worten darauf, daß die Preise der landwirtschaftlichen Produkte unter der Herrschaft der Goldwährung in Deutschland, und in Folge derselben, dauernd zurückgegangen seien und nur durch Einführung der Doppelwährung eine Steigerung zu erwarten hätten. Wie aber verhielten sich die Dinge in den letzten Jahren? Im Jahre 1890 hatte Deutschland wie der größte Teil von Europa bekanntlich eine Mißernte. Die Preise des Getreides stiegen auf eine Höhe, welche seit langen Zeiten nicht erlebt worden war, und die ernstesten Besorgnisse wegen ausreichender Ernährung der Bevölkerung waren weit verbreitet. Gleichwohl sah sich die Reichsregierung nicht veranlaßt, die Getreidezölle auch nur provisorisch herabzusetzen,

Fälschliche Berufung derselben auf die landwirtschaftlichen Interessen.

während anderseits Rußland, um seinen eigenen Mangel zu bekämpfen, die Ausfuhr verbot und dadurch noch wesentlich zur Teuerung in Deutschland beitrug. Auch hat damals kein Doppelwährungsmann versucht, Klagen gegen die Goldwährung zu erheben, vielmehr strengte man sich an, die unerschwinglichen Preise, welche das Getreide forderte, der Spekulation in die Schuhe zu schieben. Als nun im letzten Jahre eine sehr gute Ernte die Zufuhren aus der Fremde nach Deutschland zu einem großen Teile entbehrlich machte und der Preis ebenso stark fiel, als er vorher gestiegen war, ging es ebenfalls nicht an, die Münzverhältnisse für diese neue Wendung verantwortlich zu machen. Am allerwenigsten konnte dies gelingen für die Beziehungen zu Rußland, dessen Ausfuhr noch lange verboten blieb und auch nach Wiederaufhebung des Verbotes von dem Hindernis eines höheren Differentialzolles, wie er noch immer besteht, zurückgehalten wird. Zu der Einfuhr an Weizen hat Rußland im Jahre 1892 kaum ein Fünftel beigesteuert, während wir vor dem Ausfuhrverbot beinahe die Hälfte unseres Imports von ihm bezogen. Dagegen sind die Vereinigten Staaten mit gewaltigem Uebergewicht in die Lücke eingetreten. Ihr Weizenexport nach Deutschland hat sich gegen 1891 auf das Zwölffache gesteigert. Der Geldverkehr der Vereinigten Staaten aber beruht wie der von Deutschland auf der einzigen Goldwährung, so daß der Unterschied, welcher angeblich auf russischer Seite die Ausfuhr nach Deutschland fördert, hier nicht mitspielen kann. Noch mehr trifft das alles zu bei der Einfuhr von Roggen. Bekanntlich hat der Mangel an dieser Brodfrucht nach der Mißernte von 1891 noch größeren Anteil an dem deutschen Notstand gehabt, als der Mangel an Weizen. Die russische Zufuhr aber, welche noch ein Jahr vorher sechs Siebentel des Imports geliefert hatte, fiel 1892 auf ein Viertel herab. So haben wir seit zwei Jahren sehr hohe und sehr niedrige Preise gehabt, ohne daß man behaupten kann, die Münzverhältnisse seien daran beteiligt; vielmehr liegt es auf der Hand, was einer unbefangenen Auffassung von selbst klar ist, daß der Ausfall der Ernten das entscheidende Moment gewesen ist.

Ihre wahren Ursachen.

Wenn daher die Erlebnisse der letzten Jahre der Behauptung, daß die Verschiedenheit der Währung zwischen Deutschland und den Importländern an den Preisschwankungen des Getreides schuld sei, keinerlei Rückhalt geliefert haben*), so sind wir darauf hingewiesen, anderweitige Erklärungen für die mit besonderer Heftigkeit zu Gunsten des Silbers wieder aufgetauchte Agitation zu suchen und es hat damit wahrscheinlich folgende Bewandtnis. Den nächsten Anstoß hat die Einberufung einer internationalen Münzkonferenz nach Brüssel für den November vorigen Jahres geliefert. Die Entstehung dieser Konferenz ist nicht abzuleiten aus europäischen Verhältnissen, sondern liegt ganz auf dem Gebiete der inneren Politik der Vereinigten Staaten von Nordamerika. Um sich aus ihren eigenen Parteiverlegenheiten und aus den verhängnisvoll sich steigernden Schwierigkeiten ihrer Münzgesetzgebung, wenn auch nur vorübergehend, einen Ausweg zu schaffen, hatten die Vereinigten Staaten die Konferenz zu Stande gebracht. Aber je näher der Zeitpunkt ihres Zusammentritts heranrückte, desto deutlicher wurde es überall, daß der Versuch mißlingen mußte; und ebenso war es klar, daß ein solcher mit großem Pomp in Scene gesetzter Versuch, nachdem man seit 1881 nicht mehr gewagt hatte, ihn zu unternehmen, wenn er mißlänge, mit doppelter Wucht auf die

---

*) Ostindien hat nach Deutschland 1890 so gut wie gar nichts und in den zwei folgenden Jahren nur verhältnismäßig kleine Quantitäten geliefert.

Bestrebungen der Silberfreunde zurückfallen würde. Es galt daher, weil nun einmal der Schlachtruf unwiderruflich erschollen war, eine letzte entscheidende Niederlage mit Aufgebot aller Mittel zu vermeiden. Aus diesem Grunde fühlten sich die Führer der deutschen Bimetallisten, welche den auswärtigen und namentlich den amerikanischen Silberfreunden von jeher in die Hände zu arbeiten bemüht gewesen waren, verpflichtet, einen Vorstoß zu machen, und dies geschah in Gestalt der bekannten Interpellation, welche am 12. Dezember vorigen Jahres im deutschen Reichstag eingebracht wurde und die Reichsregierung wegen ihrer vorsichtigen Haltung auf der Brüsseler Konferenz zur Rede stellte. Bekanntlich endigte dieser Versuch, im Reichstag selbst wie in seiner Wirkung nach außen, mit einer moralischen Niederlage, und diese Niederlage verschärfte das Gefühl der Feindseligkeit, welches die von den Führern des Großgrundbesitzes im Osten der preußischen Monarchie geleitete agrarische Partei wegen der Politik der Handelsverträge gegen das System des Grafen Caprivi hegte. Von nun an wurden die Bemühungen, die deutsche Landwirtschaft gegen die Reichsregierung und die bestehende Gesetzgebung in Sachen der Handelspolitik und der Währung aufzuregen, mit immer größerer Macht in Angriff genommen. Die Tivoli-Versammlung vom 18. Februar dieses Jahres und die Gründung des Bundes der Landwirte haben ein Massenaufgebot von Agitation auf die Beine gebracht, wie man es in Deutschland lange nicht gesehen hatte.

Ihr eigentümlicher Charakter.

Zu den Mitteln, deren solche Aufregungsversuche sich bedienen, gehören bekanntlich vor allem diejenigen, welche sich mehr an die Phantasie als an den Verstand wenden. Daher kommt es, daß in diesem neuesten Stadium der Bearbeitung der Massen zwei Stichworte vorherrschen, welche mehr mit dunklen Vorstellungen oder leidenschaftlichen

Neigungen, als mit Thatsachen und verständigen Erwägungen rechnen. Graf Caprivi hat die Sache ganz richtig bezeichnet, als er im Reichstage aussprach, daß für diese Agitation der Antisemitismus und der Bimetallismus als Hauptzugmittel dienten, deren jedes als Vorspann für das andere benutzt werde. Die Parteiführer der äußersten Rechten stehen heute auf dem Standpunkte, daß sie auch den Ruf nach Doppelwährung als eines der geeignetsten Mittel ansehen, um die großen Massen der landwirtschaftlichen Bevölkerung zu sich herüberzuziehen und dadurch bei den Wahlen die politische Macht über Deutschland vielleicht wieder auf lange Zeit in ihre Hände zu bekommen. Je schwerer verständlich für die breiten Massen der ländlichen Bevölkerung die verwickelten Erwägungen sind, welche sowohl bei Prüfung internationaler Geldverhältnisse als bei Untersuchung der Frage nach einem richtigen inländischen Geldsystem anzustellen sind, desto leichter erscheint es, in einem Spiel von verschwommenen Vorstellungen und luftigen Behauptungen dem mit der Sache nicht Vertrauten den Wunderglauben beizubringen, daß ihm mit einem bestimmten Münzrezept ein großes Heil beschert werden könne. Und so haben sich die Stimmführer für die Doppelwährung auch zu der Behauptung versteigen müssen, daß nichts leichter sei, als selbst dem einfachsten Landmann die Grundsätze und die Geschichte des Währungsproblems im Handumdrehen beizubringen, eine Behauptung, die nicht bloß handgreiflich der Wahrheit ins Gesicht schlägt, sondern in früheren Zeiten selbst nicht von denen zu vertreten gewagt wurde, die sie jetzt verbreiten. Am 19. Juni 1879 drückte sich beispielsweise der damals noch nicht ganz vom Strome der Agitation fortgerissene Abg. von Kardorff im Reichstag über diesen Punkt folgendermaßen aus: „Die ganze Frage der Regulierung des Bankwesens und der Goldwährung gehört zu denjenigen, zu denen ein jahrelanges ernstes Studium erforderlich ist, um sich überhaupt über dieselbe nur äußern zu dürfen." Vergleiche man damit den Ausspruch des Abg. Dr. Arendt in seinem neuesten Leitfaden der Währungsfrage, Vorwort, wo es heißt: „Dabei wird meist die geflissentlich verbreitete Meinung ausgesprochen, daß die Währungsfrage ganz besonders schwer zu begreifen sei. Allerdings ist alles gethan, um die Frage künstlich zu verdunklen. (sic!) Trotzdem ist es meine Ueberzeugung, daß es leichter ist, die Währungsfrage zu begreifen, als sich ein Verständnis der meisten anderen Wirtschaftsfragen anzueignen."

Die ersten Angriffe gegen die reformierte deutsche Münzverfassung; ihr Widerspruch gegen die heutigen.

Zur Zeit, als die ersten noch auf engere Kreise beschränkten Widerstandsversuche gegen die Durchführung der deutschen Münzreform gemacht wurden, gingen dieselben von einer Auffassung aus, welche sich geradezu in umgekehrter Richtung bewegte wie die heute beliebte. Damals begeisterte man sich nicht für die Gleichstellung des Silbers mit dem Golde, sondern man behauptete nur, es werde nicht möglich sein, die Goldwährung durchzuführen. Damals wagte man noch nicht zu bestreiten, daß die einfache, auf Gold basierte Währung das Wünschenswerte sei, man vermeinte nur, dies Ziel sei unerreichbar. Die einen behaupteten, Deutschland werde nicht im Stande sein, Gold genug an sich zu ziehen, um seinen Umlauf damit zu sättigen; die anderen meinten, es würde das angezogene Gold nicht festhalten können, und diejenigen Anhänger des Schutzzolls namentlich, welche jetzt so oft die irrtümliche Behauptung aufstellen, daß nur die Freihändler für Goldwährung seien, machten damals, als der schutzzöllnerische Tarif bei uns eingeführt wurde, gerade zu dessen Ehre geltend, daß er unter anderem den Beruf habe, durch die Sicherung einer aktiven Handelsbilanz Deutschland im Besitze des nötigen Goldes zu erhalten. Jetzt, da es im

Laufe der Jahre gelungen ist, die Verkehrsadern des deutschen Umlaufs derartig mit Gold zu sättigen, daß überall für das tägliche Bedürfnis reichlich gesorgt, und der Vorrat an Gold in der Reichsbank jahraus, jahrein so hoch ist, daß der Zinsfuß seit Jahren auf außerordentlich niedrigem Durchschnitt sich bewegt, mußten natürlich die Warnungsrufe vor dem Abfluß von Gold und vor dem Mangel desselben in Deutschland verstummen. Jetzt kehrt man den Spieß um. Während es ehemals in den Angriffen gegen unsere Währung immer hieß, Deutschlands Geldumlauf sei dadurch gefährdet, daß es noch zu viel Silber besitze, geht jetzt der Ruf dahin, daß es nicht Silber genug habe. So lange der deutsche Goldvorrat noch nicht auf die Höhe gekommen war, die er seit den letzten 4—5 Jahren stetig erreicht hat, wurden immer die Gefahren betont, welche davon herrühren sollten, daß Deutschland noch so viel Silbergeld besitze, und daß dieses Silbergeld wegen seiner Unterwertigkeit ein unsolides Umlaufsmittel darstelle; jetzt umgekehrt soll dieses unterwertige Silbergeld noch mehr herangezogen werden, und dies ist um so erstaunlicher, als grade die Eigenschaft der Unterwertigkeit seit der Zeit, wo man vor ihr warnte, in ganz ungeheurem Maße zugenommen hat. Als die Gegner der Goldwährung Anfang der achtziger Jahre dadurch Schrecken zu verbreiten suchten, daß sie behaupteten, Deutschland leide an einem Uebermaß von unterwertigem Silber, bewegte sich das letztere in Preisen, die nur halb so viel Verlust gegen seinen früheren Wert darstellten als heute.

So hat man sich denn von einem Gegensatz in den anderen gestürzt. Zuerst behauptete man, Deutschland werde seine Münzreform nicht durchführen können, und jetzt, wo es ihm gelungen ist, behauptet man, sie sei vom Uebel und müsse wieder rückgängig gemacht werden. Ehemals berief

Wechsel der Angriffsmethoden und der in ihren Dienst gestellten Interessen.

man sich auf die Gefahr, daß zu viel Silber übrig bleiben werde, welches an seinem normalen Werte verloren habe; jetzt behauptet man, es müsse noch mehr Silber hereingeschafft werden, welches noch viel tiefer im Werte gesunken ist. Man sieht daraus, daß nicht die Beseitigung der dentschen Münzverfassung Zweck, sondern daß sie in der Hauptsache nur Mittel zum Zweck ist, und daß man die Angriffe je nach Zeit und Umständen wechselt. Ebenso verhält es sich mit der Wahl der Interessen, auf die man sich zu stützen sucht. Weil der Einfluß, welchen die Führer der landwirtschaftlichen Bewegung im letzten Jahrzehnt gewonnen haben, sich bedeutend gehoben hat, sucht man die landwirtschaftlichen Interessen für den Ansturm gegen die Münzverfassung zu gewinnen und hat zu diesem Zwecke ein Gewebe von Vorstellungen ausgearbeitet, welches die Ueberzeugung verbreiten soll, daß eine Veränderung unseres Geldwesens den Landwirten zum Vorteil gereichen werde.

Gang der Untersuchung.

Untersuchen wir zunächst, auf welche Erwägungen man sich stützt, um die eben geschilderte Meinung zu begründen. Wir werden dann später in einem zweiten Teile nachweisen, inwiefern, selbst wenn diese Behauptungen nicht irrig wären, das von ihnen angestrebte Ziel dennoch sich als unerreichbar herausstellen würde.

Die beiden Hauptangriffspunkte.

Die Begründung der Angabe, daß unsere Goldwährung die Landwirtschaft schädige, bewegt sich hauptsächlich in zwei Richtungen: einmal wird behauptet, daß durch die Goldwährung in- und außerhalb Deutschlands die Preise der landwirtschaftlichen Produkte herabgedrückt, infolgedessen die Einnahmen aus denselben geringer geworden und die Lebensbedingungen des Landwirtes dadurch erschwert seien. Sodann wird behauptet, es sei zu den Nachteilen dieses allgemeinen Preisdruckes als zweite Schädigung hinzugetreten, daß gewisse, mit der deutschen Landwirtschaft konkurrierende auswärtige Produktionsgebiete deshalb in den Stand gesetzt wären, preisdrückend auf den deutschen Markt zu wirken, weil ihr inneres Geldwesen geringerwertig sei als das deutsche.

Weitere Gliederung der Untersuchung.

Wenden wir uns zunächst zu der ersten der beiden Behauptungen. Auch hier haben wir es wieder mit verschiedenen Fragen zu thun. Die erste geht dahin, ob ein Niedergang der Preise, falls er sich als allgemeine und stetige Thatsache herausstellte, die Landwirthschaft mehr träfe, als jeden anderen Produktionszweig; sodann, ob ein Niedergang der Preise im allgemeinen auf einen Mangel an Umlaufsmitteln zurückzuführen; und endlich, ob in der That die Behauptung richtig sei, daß ein allgemeiner Rückgang der Preise aus solchen Ursachen hergeleitet werden müsse, welche in einer Geldverteuerung bestehen.

Die Frage des Preisdrucks durch Geldverteuerung: eine allgemeinwirtschaftliche, keine blos landwirtschaftliche Frage.

Angenommen, es wäre durch allgemeine Geldverteuerung ein Druck auf den Preis der Dinge ausgeübt, so ist damit schon von selbst gegeben, daß nicht blos die landwirtschaftlichen Produkte, sondern alles was zum Leben nötig ist, in gleichem Maße getroffen wird. Die Veränderungen in den Preisen entstehen ihrer Natur nach aus der Veränderung in den Herstellungskosten oder in Angebot und Nachfrage. Soll eine Preisveränderung aus einer so allgemeinen Ursache hergeleitet werden, wie die wäre, welche in einer Veränderung des Geldwertes besteht, so liegt es auf der Hand, daß nicht einzelne Produktionszweige davon betroffen werden. Für den aber, welcher kauft und verkauft, ist es gleichgültig, ob die Preise gleichmäßig höher oder niedriger stehen, denn jeder Nachteil und jeder Vorteil gleicht sich vollkommen ebenmäßig für ihn aus. Daß im übrigen die Preise der landwirtschaftlichen Produkte in der Hauptsache von dem Ausfalle der jeweiligen Ernten abhängen, hätten die Erfahrungen der letzten Jahre gezeigt, wenn es überhaupt noch nötig wäre, dies zu beweisen.

Keine Abnahme sondern beträchtliche Zunahme des Geldvorrats in der Welt und in Deutschland.

Ferner ist es eine thatsächlich falsche Angabe, daß der Vorrat an Geld, welcher in der Welt überhaupt und in Deutschland insbesondere dem Verkehr zur Verfügung steht, in neuerer Zeit abgenommen habe. Nach beiden Richtungen hin ist das Gegenteil mit Leichtigkeit festzustellen. Was Deutschland betrifft, so kennt man ganz genau sowohl den Vorrat an Umlaufsmitteln, welcher vor der deutschen Münzreform dem Verkehr gedient hatte, als den heutigen Bestand derselben, und es steht fest, daß der Geldvorrat, an sich wie dem Kopfe nach, auch bei Berücksichtigung der vermehrten Bevölkerung, im letzten Jahrzehnt bedeutend zugenommen hat.*) Gleichermaßen verhält es sich mit dem disponiblen Geldvorrat der Welt. Wenn auch die Zahlen der Münzen oder Geldzeichen, welche in den Taschen oder Kassen der Bevölkerung zu einem gegebenen Zeitpunkt vorhanden sind, sich nicht mit mathematischer Genauigkeit feststellen lassen, so besitzt man doch erstens annähernde Schätzungen auf Grund zuverlässiger Hilfsmittel, zweitens vor allem die Zahlen der Ausprägungen und der Edelmetall-Förderungen; und auch hier haben erwiesenermaßen die Vorräte in der Gesamtheit beständig zugenommen, vor allen Dingen gerade an denjenigen Stellen, nach denen sich die Grenze von Mangel und Ueberfluß des für den Verkehr nötigen Geldes am deutlichsten reguliert. Faßt man allein grade die Goldvorräte der

*) Nach den von verschiedenen Seiten aufgestellten statistischen Berechnungen ist anzunehmen, daß das in Deutschland im Jahre 1871 umlaufende Geld, sowohl in Silber als in Gold und Scheidemünze, insgesamt 1700 Mill. Mark betrug, während es heute etwa 3400 Mill. Mark beträgt, worunter 524 Mill. in Scheidemünze. Hierbei ist das seit 1871 abgeflossene Gold auf etwa 400 Mill. Mark veranschlagt.

europäischen Banken zusammen, so haben sich dieselben im Laufe der letzten Jahre stetig um ein Namhaftes vermehrt,*) und der beste Beweis für die Reichhaltigkeit ihres Vorrats besteht darin, daß sie mit den seltensten Ausnahmen die meiste Zeit hindurch in der Lage gewesen waren, größeren Ansprüchen an Gewährung von Geldmitteln zu genügen, als an sie herantraten. Während nach allgemeinen Regeln die meisten europäischen Zettelbanken berechtigt sind und ein Interesse daran haben, Banknoten in einem ihren Metallvorrat stark übersteigenden Betrage auszugeben, bewegen sich seit Jahren diese Banken, wie namentlich auch die deutsche Reichsbank, in den Grenzen einer Notenzirkulation, welche ihren eigenen Vorrat an Edelmetallen durchschnittlich nur um ein Geringes übersteigt. Aus diesem Grunde ist auch der Zinsfuß mit seltenen Ausnahmen in derselben Zeit ein ungemein niedriger gewesen.

Uebereinstimmung mit der Bewegung der Banknotenausgabe.

Wäre ein Bedürfnis nach Geld vorhanden, welches mit dem bestehenden Vorrath an Geldmitteln nicht befriedigt werden könnte, so würden unfehlbar die Notenbanken in den Ländern mit gesunden Zuständen sich beeilen, auf Grund der ihnen zustehenden Berechtigung einer Vermehrung ihres Notenumlaufes solchem Bedürfnis zu Hilfe zu kommen. Denn dazu treibt sie vor allem ihr eigenes Interesse, weil eine innerhalb der gesetzmäßigen Grenzen vermehrte Noten-

*) Die Vorräte an Gold in den europäischen Banken und im amerikanischen Staatsschatz beliefen sich im Jahre 1886 in Frankenwährung auf eine Gesamtheit von 5668 Millionen und stiegen darauf wie folgt:

1888	6154	Millionen
1889	6402	„
1890	6925	„
1891	7759	„
1892	8271	„

Nach anderen Schätzungen ist die Steigerung noch größer.

zirkulation ihren Gewinn erhöht. Eines der schlagendsten Beispiele dafür, daß ein Mangel an Metallgeld nicht existiert, hat noch vor wenigen Monaten der französische Geldmarkt gezeigt. Frankreich hat zur Zeit thatsächlich ähnliche Geldzustände wie Deutschland und die meisten Länder außer England, nämlich freie Prägung von Gold und Ausschluß aller Silberprägung mit Ausnahme von Scheidemünze, welche nur vom Staate und von diesem thatsächlich auch kaum ausgeübt wird. Nun ist es vor einigen Monaten vorgekommen, daß die Geschäftsleute der Bank von Frankreich Goldzahlungen machen wollten, nur um gegen dieses Gold einen gleichwertigen Betrag an papiernen Noten zu erhalten, daß aber die Bank sich weigerte, dieses Gold anzunehmen, weil sie bereits so viel Metall gegen Noten eingewechselt hatte, daß die ihr vom Gesetz vorgeschriebene höchste Summe von Noten erreicht war. Buchstäblich wußten die Geschäftsleute nicht, wohin mit dem Gold, und mußten unter Opfern einen Ausweg dafür finden, bis durch gesetzliche Abhilfe Luft gemacht wurde. Wenn man einwenden wollte, daß diese Erscheinung sich auf Frankreich allein beschränke, so könnte diese Behauptung schon dadurch widerlegt werden, daß die Goldvorräte in den anderen zivilisierten Ländern, wenn sie nicht im Gleichgewicht zu denen Frankreichs gestanden hätten, eine bedeutende Ungleichheit des Zinsfußes in den ersteren hervorgerufen und einen Abfluß von Gold aus Frankreich in die Länder mit höherem Zinsfuß bewirkt haben würden. Dies ist aber bekanntlich nicht eingetreten. Sehen wir von den Ländern ab, welche nicht durch ihre Münzverhältnisse, sondern durch ihr ungesundes Staatsschuldenwesen zu übertriebener Ausgabe von Papiergeld oder Banknoten verführt worden sind, so hat in allen zivilisierten Staaten in den letzten Jahren ein niedriger Zinsfuß geherrscht, ein untrügliches Symptom dafür, daß die Notenbanken mit ihrer Ausgabe von Noten weit unterhalb der Grenze geblieben sind, welche das Gesetz ihnen erlaubt und ihr Interesse ihnen anrät, falls nur ein Bedürfnis nach größerer Geldzirkulation im Publikum vorhanden ist.

Spezieller Nachweis für Deutschland. Der Metallbestand und Notenumlauf der Reichsbank.

Was insbesondere Deutschland angeht, so genügt schon ein Blick auf den Bericht der Reichsbank, um zu zeigen, wie wenig von einem Mangel an Geldmitteln die Rede sein kann. Im Jahre 1892 war der durchschnittliche Zinsfuß für Wechsel 3,20 pCt., und dieser offizielle Zinsfuß ist, wohl bemerkt, nur eine Maximalgrenze, während der wirkliche, von der Bank und den Privatleuten ausbedungene Zinssatz kaum 2 pCt. betrug. In Uebereinstimmung damit bewegten sich, wie auch in früheren Jahren, die Zahlen der metallischen Deckung der Banknoten und die Arten der Umsätze bei den Kassen der Bank. Der durchschnittliche Umlauf der Noten betrug in runder Summe 985 Millionen Mark, der Metallbestand 942 Millionen. Während also die metallische Deckung nur um 4½ pCt. hinter der ausgegebenen Notenmenge zurückblieb, hätte die Bank nach § 17 des Bankgesetzes und nach allgemeinen Grundsätzen die Befugnis gehabt, statt der erwähnten 985 Millionen Mark das Dreifache ihres Metallbestandes, also 2826 Millionen Mark Noten auszugeben, d. h. rund dreimal so viel als sie wirklich ausgegeben hat.*)

*) Der Umstand, daß bei Ueberschreitung des sogenannten contingentierten Notenbetrages eine Notensteuer zu zahlen wäre, würde die Ausgabe an sich nicht behindern. Ebensowenig würde der Betrag der täglich fälligen Verbindlichkeiten, welche neben den Noten eine liquide Schuld der Bank bilden, gesetzlich eine Mehrausgabe von Noten hindern. Auch praktisch bilden dieselben beinah niemals ein Hindernis, weil grade in kritischen Zeiten die großen Geschäftshäuser Wert darauf legen, bei der Reichsbank große Guthaben sehen zu lassen. — Siehe auch S. 21 im Folgenden.

Der gesamte Geldverkehr und sein Verhältnis zu den Umlaufsmitteln (Metall- u. Banknoten) in Deutschland.

Dieser an sich schon für den Beweis eines Ueberflusses an Umlaufsmitteln vollkommen ausreichende Thatbestand erklärt sich auch, wenn man erfährt, daß, wie in anderen hochcivilisierten Ländern, so in Deutschland der große Verkehr sich nur ausnahmsweise des Metallgeldes bedient, weil er teils mit Banknoten, teils mit noch einfacheren Mitteln der Zahlungsausgleichung seine Geschäfte besorgt. Bei der Bank wurde in dem sogenannten Giroverkehr, d. h. bei der Ausgleichung von Zahlungen verschiedener Parteien ohne Vermittelung von Metall- oder sogar Banknoten, vermöge bloßen Ab- und Zuschreibens, die Summe von 39 Milliarden ausgeglichen, und außerdem hat noch von Personen, welche nicht direkt mit der Bank durch das Giroverfahren verkehren, ein Umsatz von 12 Milliarden stattgefunden. Setzt man neben diese colossalen Ziffern eines Verkehrs, zu welchem kein Metallgeld erfordert wurde, noch die Ziffer der Gesamtumsätze, welche im letzten Jahre bei der Reichsbank mit 104 Milliarden stattgefunden haben, so kann man sich schon annähernd ein Bild davon machen, wie überhaupt der Geldverkehr eines civilisierten Landes in keinem Verhältnis zu seinem Vorrat an Umlaufsmitteln steht. Denn diese 50 000 Millionen des Giroverkehrs und die mehr als 100 000 Millionen des Reichsbankumsatzes machen immerhin nur einen kleinen Teil der Gesamtsumme des Umsatzes zwischen allen einzelnen Privaten im Lande aus, dessen Höhe zu veranschlagen weder statistische Zahlen noch Vermutungen sich vermessen können. Es geht daraus hervor, daß die kleinen Verschiebungen im Werte von Millionen, die in der Metallproduktion zu verzeichnen sind, keinerlei Maßstab abgeben können für das Verhältnis, in welchem die Bedürfnisse des Umsatzes zu dem Vorrat an Edelmetallen stehen. Denn bei dem Umsatz handelt es sich, wie obige Ziffern verrathen, um viele Tausende von Millionen.

Das Entscheidende hierbei ist nicht ein größerer oder kleinerer Vorrat von effectivem Geld, sondern die Schnelligkeit und Sicherheit, mit welcher die an Stelle der effektiven Zahlung tretenden Hilfsmittel das Geld ersetzen. In dieser Beziehung haben die Erfindungen und Gewohnheiten des modernen Verkehrs die Ausbeute der Edelmetalle ins Unendliche überholt, und darum sind alle Berechnungen, welche sich auf das angebliche Zurückbleiben der Metallzufuhr stützen, um Seltenheit der Zahlungsmittel darauf zu gründen, auf ganz falschem Wege. Das einzige Symptom, welches nicht trügt, ist das Maß des Vertrauens, welches die dem Verkehr dienenden nationalen Geldinstitute einzuflößen vermögen. Da, wie erwähnt, in den nicht überschuldeten zivilisierten Ländern die Banken nicht nur vollständig ausgerüstet sind, die Umlaufsbedürfnisse zu befriedigen, sondern viel mehr leisten können, als von ihnen verlangt wird, so geht daraus hervor, daß von einem Mangel an Umlaufsmitteln in unseren heutigen Kulturländern überhaupt nicht die Rede sein kann, und daher sind alle Berechnungen, welche einen Niedergang der Preise aus einem solchen Geldmangel herleiten wollen, im Irrtum befangen.

Desgleichen in andren Ländern, besonders England und Nord-Amerika

Wenn schon die oben für Deutschland angeführten Zahlen erraten lassen, wie weit die Umsätze in wirklichem Geld oder in Geldzeichen an Bedeutung hinter den durch blos auf rechnerische Weise sich vollziehenden Umsätzen zurückbleiben, so muß hinzugesetzt werden, daß in diesem Punkte Deutschland noch lange nicht auf der Höhe der Vervollkommnung angelangt ist wie einige andere große Verkehrsgebiete, namentlich Großbritannien und Nord-Amerika. So besteht bekanntlich für England in dem auf dem Festlande noch wenig ausgebildeten System des Check-Verkehrs ein Brauch, der selbst für den Kleinverkehr auf die solideste Weise das bare Geld und selbst die Banknoten entbehrlich macht. Dieser Check-Verkehr, welcher neben den ungeheuren Umsätzen der Bank von England und ihrer Noten die Zahlungen durch einfache Ausgleichung vermittelt, konzentriert sich beispielsweise in London in einem Institut, welches den Namen Clearing-House trägt. Ganz allein auf diesem Wege sind im verflossenen Jahre lediglich in London Schulden und Forderungen von 120000 Mill. Mark ausgeglichen worden. Bedenkt man, daß nach den höchsten Schätzungen der gesamte Goldvorrat Großbritanniens, sowohl in der Bank als im Umlauf auf 2000 bis 2500 Mill. Mark geschätzt wird, und daß obige 120000 Mill. nur einen Teil des in London zur Ausgleichung kommenden Geldverkehrs darstellen, der von dem des gesamten Inselreiches in unberechenbarer Weise übertroffen wird, so springt doch in die Augen, daß kleine Verschiebungen in dem baren Geldvorrat das Verhältnis zum ganzen Zahlungsumsatz nicht beeinflussen können. Um zunächst noch ein thatsächliches Beispiel anzuführen, so ist in Nord-Amerika, wo man nur nach Goldwährung rechnet, in dem täglichen Verkehr Gold überhaupt nicht zu sehen. Nur der Check und die papiernen Geldzeichen gehen von Hand zu Hand. Die Aufstellungen der offiziellen Statistik, weche jährlich von den amerikanischen Behörden geliefert werden, konstatieren, daß der Anteil des Goldes bei den Zahlungen unendlich klein, beinahe gleich Null ist.

Wert und Bedeutung des Metallgeldes für die Solidität des Geldverkehrs überhaupt.

Freilich darf man nun aus diesen thatsächlichen Verhältnissen nicht schließen, daß das Vorhandensein eines gewissen Vorrats von vollwertigem Edelmetall für die Solidität des Geldverkehrs gleichgültig sei. Alles was oben gesagt wurde, um die Behauptung zu widerlegen, daß die Preise der Waaren fallen oder steigen müßten im direkten Verhältnis zu der Bewegung des Vorrats an Edelmetallen in der Welt oder in einem besonderen Lande, darf nicht aufgefaßt werden, als könnte mit fiktivem Gelde allein in irgend einer Form ein dauerhafter und zuverlässiger Geldverkehr bewirkt werden. Hier grade gilt es zu unterscheiden zwischen dem wahren Bedürfnis eines soliden Verkehrs und einer mißverständlichen Auffassung desselben. Mißverständlich ist die Auslegung, welche glaubt, daß in dem Maß, als Bevölkerung oder Verkehr wachse, das Metallgeld zunehmen müsse; und diese Auffassung irrt darin, daß sie von den ungeheuer wichtigen, oben geschilderten Vervollkommnungsmitteln des Ersatzes für bares Geld nicht Kenntnis nimmt. Aber auf der anderen Seite darf nicht verkannt werden, daß auch die elastischsten Ersatzmittel untauglich würden, wenn sie nicht die Bedingung erfüllten, nur Ersatzmittel zu sein, d. h. im gegebenen Augenblick auf Verlangen in bares Geld verwandelt werden zu können. Hier kommen die erprobten Grundsätze des Bankverkehrs zur Anwendung, um, auf Erfahrung und Theorie gestützt, die richtigen Grenzen dafür zu stecken, welche Vorräte an wirklichem Edelmetall sowohl in den Adern des Verkehrs als namentlich in den Kellern der Notenbanken oder anderer einlösbare Geldzeichen ausgebender Anstalten hinreichen, damit im regelmäßigen Verlauf der Dinge wie bei außerordentlichen Zuständen dem Begehr nach Austausch von Geldzeichen in wirkliches Geld genügt werde. Dabei muß von vornherein alles, was den Namen Papiergeld verdient, als ausgeschlossen betrachtet werden. Papiergeld mit Zwangskurs, d. h. solches, welches nicht gegen Vorzeigung an gewissen dazu bestimmten Kassen einlösbar ist, ist überall ein falsches und gefährliches Element, welches zersetzend und zerstörend auf das Geldwesen einwirkt. Dagegen haben die Erfahrungen der letzten fünfzig Jahre reichlich darüber belehrt, daß bei richtiger Behandlung der Notenbanken die oben erwähnte Grundbedingung der Einlösbarkeit der Geldzeichen gegen Edelmetall sich in zuverlässiger Weise erfüllen läßt.

Begrenzte Verwendung des Metallgeldes. Ihre selbstthätige Regulierung.

Von kriegerischen Ereignissen abgesehen, auf die später zurückgekommen werden soll, kann man ruhig sagen, daß seit Jahrzehnten die mit einem regelrechten Bank- und Geldwesen versehenen Länder nicht durch unbefriedigte Nachfrage nach Edelmetallen in Verlegenheiten gekommen sind, die eine verheerende Wirkung gehabt hätten. Denn der wirkliche Bedarf an metallischen Zahlungsmitteln geht nicht ins Unberechenbare, er beschränkt sich heutzutage, bei der Schnelligkeit des Verkehrs und der Ausbildung des Kreditwesens, wie namentlich auch bei der unendlichen Vervielfachung der in Wertpapieren und Wechseln zwischen den verschiedenen Ländern betriebenen Tauschgeschäfte, wesentlich nur auf die Befriedigung zweier Bedürfnisse: das Taschengeld für den kleinen Verkehr und die Ausgleichungsbeträge für diejenigen Differenzen, welche momentan in den Geschäftsverhältnissen zwischen den einzelnen Ländern entstehen können. Das sind aber an sich nach beiden Seiten hin begrenzte Beträge. Momentan kann für beide Bedürfnisse größerer Begehr entstehen. Für das Taschengeld oder, wenn man den Begriff nicht zu eng fassen will, für die Zahlungen kleinerer Beträge, die allein heute noch in zivilisierten Ländern mit barem Gelde gemacht werden, giebt es bekannte Epochen im Jahre, in denen die häuslichen Geschäfte eines Landes eine Anschwellung der Verkehrsadern herbeiführen. Die Schlußtage eines Monats, an denen Löhne und andere fällig werdende Forderungen beglichen werden, besondere einzelne Geschäftskonjunkturen, wie Messen, Märkte, Erhebungen von Zinskupons und dergleichen, haben zur Folge, daß das Metallgeld aus den

Vorratskammern, in denen es sonst angestaut ist, in größerem Maße abgeholt wird, als im glatten Verlauf der Tage. Aber man weiß auch, daß, sobald diese vorübergehenden Bedürfnisse befriedigt sind, dasselbe Geld wieder in seine Heimstätten zurückfließt. Aehnlich verhält es sich mit denjenigen Beträgen, welche zur Ausgleichung von Rechnungsüberschüssen aus einem Land in's andere gebraucht werden. Auch hier sind es nur besondere Konjunkturen, aus denen solche Bedürfnisse entspringen, z. B. ein Mißwachs, welcher zur Folge hat, daß mehr Getreide vom Ausland bezogen wird, als nach den Gewohnheiten herkömmlich ist, und wofür die regelmäßigen Beziehungen des Austausches mit den fremden Produktionsländern die Mittel an die Hand geben. Aber es ist bekannt, daß auch solche ungewöhnliche Abflüsse alsbald ihren Rückschlag ausüben, da das Gleichgewicht in der Verteilung der Geldmittel zwischen den einzelnen Ländern sich nach den Gesetzen des Verkehrs von selbst herzustellen bestrebt ist. Da wo durch übermäßigen Zuwachs Ueberfluß entsteht, folgt Niedergang des Zinsfußes und Steigerung der Preise, umgekehrt am Ausgangspunkt des ungewöhnlichen Abflusses Steigen des Zinsfußes und Fallen der Preise, und durch beide Veränderungen in ihrem Zusammenwirken wird nach einiger Zeit das Gleichgewicht wieder hergestellt.

Geldkrisen mit verheerender Wirkung deshalb heute kaum möglich. Beispiel: Zusammenbruch des Hauses Baring.

So ist es gekommen, daß seit Dezennien langdauernde Störungen von verhängnisvoller Wirkung in einem zivilisierten Lande mit einlösbaren Papierzeichen nicht vorgekommen sind. Wie die Hungersnöte durch Mangel an Getreide in den zivilisierten Ländern vergangene Erscheinungen sind, so haben auch die verheerenden Geldkrisen, welche nicht mit Handelskrisen und Spekulationskrisen zu verwechseln sind, ihren Schrecken verloren. Das Solidaritätsgefühl der großen Handelsländer hat sich sogar soweit vervollkommnet, daß schon im eigenen Interesse die großen Institute des einen Landes denen des anderen zu Hilfe eilen, wenn eine allzu starke Verschiebung durch Aufhebung des Gleichgewichts Wirbelstürme zu entfesseln droht. So hat vor einigen Jahren die Bank von Frankreich der von England mit barem Gelde einen Vorschuß von vielen Millionen gegeben, als nach dem Zusammensturz des Hauses Baring verheerende Geldverlegenheiten über den englischen Markt hereinzubrechen drohten. Wenn auch ein Gefühl von sozusagen welt-kaufmännischer Kameradschaft dabei mitgewirkt haben mag, so hat anderseits ohne Zweifel auch die Erkenntnis, daß jede tiefere Erschütterung des Kredits in dem einen Lande auf das andere zurückwirken müsse, zu dem Entschluß der Bank von Frankreich beigetragen; und derselbe war um so mehr gerechtfertigt, als, wie man wissen konnte und die Erfahrung bestätigt hat, mit dieser Hilfeleistung nicht die geringste Gefahr verbunden war. Nach kurzer Zeit konnte die englische Bank das entliehene Gold wieder zurückgeben, denn nur kurze Zeit war nötig, um den normalen Barschatz aus eigenen Hilfsquellen derselben englischen Bank wieder herzustellen.

Weniger das Bedürfnis nach effektivem Gelde als das Vertrauen darauf, daß es verfügbar vorhanden sei, ist von entscheidender Bedeutung.

Denn das ist das Merkwürdige und nicht genug Festzuhaltende an der Gesamtheit dieser Erscheinungen, daß nicht die Notwendigkeit des Besitzergreifens von Edelmetall unter gewissen Umständen sich aufdrängt, sondern nur das Vertrauen gestärkt sein will in die *Möglichkeit*, zu solcher Besitzergreifung gelangen zu können. Niemand will mehr Metall haben, als im Durchschnitt der täglichen Umsätze jahraus, jahrein für den Bedarf nötig ist. Störende Eingriffe entspringen immer nur, wenn sie massenhaft auftreten, aus dem Mißtrauen, daß künftig in einem gegebenen Moment die Einlösung des Geldzeichens in Geld verweigert werden könne. Daher läuft alles hinaus auf die

Erhaltung des richtigen Vertrauens, und dieses wiederum beruht auf der Schätzung desjenigen Maßes von Edelmetallvorrat, welches an den Zentralstellen, von denen die Geldzeichen ausgegeben werden, angesammelt ist. Ueber diese Zahlenverhältnisse zwischen ausgegebenen Wertzeichen und Barvorrat haben sich im Laufe der Zeiten feste Ueberlieferungen herausgebildet, welche, wenn auch in Grenzfragen und Nebendingen verschiedenen Einschätzungen zugänglich, doch in der Hauptsache von der Praxis und der Theorie mit festen Regeln versehen worden sind. So war es beispielsweise in dem vorhin geschilderten Falle der französischen Hilfeleistung an die englische Bank. Das Mißtrauen und die Verwirrung, welche zunächst durch den Zusammenbruch des großen Bankhauses hervorgerufen worden waren, hatten, wie das zu geschehen pflegt, sich allgemein verbreitet und auch das gegenseitige Vertrauen erschüttert, so daß jeder, welcher in gegebener Zeit Verpflichtungen zu erfüllen hatte, Sicherheit dafür suchte, daß er auch mit den nötigen Zahlungsmitteln versehen sei. Daraus entsprang ein Verlangen nach Anhäufung der letzteren, und zwar nur auf Vorrat, nicht für laufende Bedürfnisse, bei einzelnen Kassen, welche im regelmäßigen Laufe der Dinge ihre Zahlungsmittel an einer Zentralstelle, beispielsweise bei der Bank von England, erst kurz vor eintretendem Bedarf flüssig zu machen pflegen. Dies hatte wieder zur Folge, daß das Verhältnis zwischen deren Notenausgabe und ihrem Metallvorrat größere Anspannung zu erfahren drohte, als nach den früher geschilderten überlieferten Anschauungen das ruhige Vertrauen erfordert. Darum galt es, gewissermaßen augenfällig das gewohnheitsmäßige Vertrauensniveau wieder herzustellen. Ohne Zweifel wäre auch beim Unterbleiben des französischen Zuschusses die englische Bank nicht in die Lage gekommen, ihre Noten essante Beobachtungen gemacht worden. Regierungen und Bankinstitute haben sich in diesen Ländern überall mit Nachdruck und Ausdauer darauf verlegt, möglichst viel Silbergeld in den Verkehr zu bringen. In Amerika, wo infolge der bekannten gesetzlichen Maßregeln das Silber am meisten und fortwährend in den öffentlichen Schatzkammern anschwillt, hat man die absonderlichsten Künste angewandt, um es in die Kanäle des Verkehrs hineinzutreiben, beispielsweise hat man es von den Mittelpunkten der Republik auf Verlangen in die entferntesten Regionen derselben kostenlos mit den Eisenbahnen befördert: aber alles vergebens! Immer kehrte es an den Ausgangspunkt zurück, und die Summe des im Umlauf befindlichen Silbers blieb stets auf dasselbe bescheidene Maß beschränkt. Die gleichen Erfahrungen machte die Bank von Frankreich, welche sowohl durch ihre Zweiganstalten wie durch die Provinzialkassen der Verwaltung jahrelang versuchte, die Fünffrankenstücke in größeren Umlauf zu bringen; und trotzdem daß diese pièce de cent sous, wie das Fünffrankenstück noch heute im Volksmunde heißt, ein so altbeliebtes Geldstück war und ist, hat es auch da nicht gelingen können, über ein gewisses beschränktes Maximum hinauszukommen. Aehnlich ist es in Deutschland gegangen. Regierung, Bank, Post und Eisenbahnen haben sich jahrelang bemüht, den im Jahre 1879 übrig gebliebenen Rest von Silberthalern in Umlauf zu bringen; aber auch hier kehrt dasjenige, was der Verkehr nicht freiwillig für seine Bedürfnisse erheischt, immer wieder zum Ausgangspunkte zurück. Mit kleinen Schwankungen zeigen die Kassenausweise aller öffentlichen Anstalten einerseits, sowie der Vorrat der Reichsbank andrerseits jahraus, jahrein den gleichen Vorrat an Thalern. In der Bank nimmt er nicht ab,*) und in den Adern des Verkehrs

*) Nur in dem, was gemäß dem Abkommen mit Oesterreich an

nimmt er nicht zu. Hier liegt in Wahrheit der einfache Schlüssel zu der großen Evolution, die sich in der Währung vollzieht. Die Sitten und Gebräuche der modernen, leicht und rasch beweglichen Welt können sich nicht mehr mit schweren Mengen befreunden. Handele es sich um die Börse (Portemonnaie) des Einzelnen oder um den Geldverkehr des Handels am selben Platz oder von Platz zu Platz oder auf weite überseeische Entfernungen: immer mehr verweigert der dazu verwendete Apparat den Umgang mit großen Silbermassen.

Die natürlichen Ursachen dieser Erscheinung.

Vergeblich hat man sich darauf berufen, daß die Transportanstalten, Post und Eisenbahn und Dampfbote, die Beförderung von Edelmetallen nicht nach Gewicht und Umfang, sondern nach Wert berechnen und damit für die Versendung das Silber mit dem Golde auf gleichem Fuß behandeln könnten, und daß eine solche Praxis auch teilweise bestehe. Aber mit dieser einzelnen, an sich schon der Natur der Dinge widersprechenden künstlichen Kostenberechnung ist das Hindernis doch lange nicht überwunden. Die Bedingungen von Zeit, Raum und Gewicht, welche der Beförderung und Handhabung einer 15—20fach schwereren Masse entsprechen, lassen sich nicht durch rechnerische Kunststücke ausgleichen, und so sehen wir in der kleinen wie in der großen Welt das Silber nur ausnahmsweise in unseren Tagen zu größeren Zahlungen verwendet. Frage sich nur jeder selbst, wie viel Thaler er in seiner Tasche gern mit sich herum trage, und ob er nicht, wenn sich zufällig mehrere derselben zusammenfinden, sobald als möglich ihre Umwechslung in Gold oder Papier vornehme. Ebenso geht es im Kassenverkehr der Geschäfte. Es ist bekannt, daß alle größeren

Thalern österreichischen Gepräges in Wegfall gekommen und was durch Umprägung in Scheidemünze verwendet wird, kommt eine Verminderung zu Stande.

Geschäftshäuser, sobald sich einmal Silbermassen bei ihnen anhäufen wollen, diese sofort zu Auszahlungen an öffentliche Kassen, namentlich an die der Reichsbank, da wo sich Anstalten derselben befinden, verwenden. Auch sieht man weder, wie noch vor Jahrzehnten, in den Städten die Kassenboten mit großen Silbersäcken auf der Schulter umhergehen, noch auf dem Lande die Handelsleute mit Ledergurten, sogenannten Geldkatzen, die mit Silber angefüllt sind, über die Heerstraßen wandern.

Allgemeine und historische Ursachen für den Vorrang des Goldes.

Der wahre und mächtigste Gegner der Doppelwährung ist der Geschmack und Gebrauch des Publikums, gegen den kein Gesetz und kein Zwang aufkommen kann. Insofern ist sogar etwas Wahres an der Behauptung der Silberfreunde, daß an der Wertverminderung des Silbers nicht ausschließlich die ungeheure Vermehrung der Produktion schuld sei. Gewiß hat diese stark dazu beigetragen: aber die Wirkung ist dadurch erst entscheidend geworden, daß die ungeheure Vermehrung des Angebots zusammentraf mit der Verminderung der Nachfrage, d. h. mit der Abneigung des Publikums, sich der Silbermünzen zu bedienen. Umgekehrt ist es mit dem Golde gegangen. Als am Anfang der fünfziger Jahre die kalifornischen und australischen Goldfunde einen starken Zustrom zur Folge hatten, erhoben sich bekanntlich auch in sachverständigen Kreisen Befürchtungen, daß das Gold eine große Wertverminderung erfahren werde. Aber die Thatsachen haben diese Annahme nach kurzer Zeit widerlegt. Das Gold verlor im Augenblick des stärksten Zudranges gegen Silber nur wenige Prozente. Das kam eben daher, daß es willig vom Publikum aufgenommen wurde. Man ließ sich gern gefallen, an Stelle des Silbers mit Gold umzugehen, und bald war das vollkommene Gleichheitsverhältnis früherer Zeit wieder hergestellt. Aus diesen Jahren des reichen Zuflusses von Gold, dem am

Anfang der sechziger Jahre ein vorübergehender Abfluß von Silber nach Indien zu Hilfe kam, datiert die Gewöhnung des Verkehrs an die Goldmünzen.

Silber-, Gold- und Papiergeld.

Nicht aus gelehrten Abhandlungen oder aus den Ergebnissen von Untersuchungskommissionen ist die Richtung hervorgegangen, welche die Länder zum Trachten nach der alleinigen Goldwährung hintrieb, sondern einzig und allein aus der Einsicht und dem Geschmack des Publikums, welches unter der Gunst der Umstände durch die Erfahrung die Annehmlichkeit und die Vorzüge dieser Münzart schätzen lernte. Wenn die Silberfreunde meinen, nur die gesetzliche Ausschließung des Silbers aus dem Bereich der freien Prägung habe dasselbe zurückgedrängt und damit erst der vermehrten Produktion desselben den Weg in die Adern des Verkehrs verlegt, so befinden sie sich damit in einem Irrtum, der Ursache und Wirkung mit einander verwechselt. Nicht weil das Gesetz der Silberprägung Schranken gezogen, hat das Silber an Verwendbarkeit verloren, sondern weil man es nicht mehr verwenden wollte, hat das Gesetz sich entschließen müssen, Schutzmaßregeln gegen den übermäßigen Zudrang zu ergreifen. Der Beleg für die Richtigkeit dieser Auffassung ist schon deutlich durch die Vorgänge in Amerika, welche oben geschildert wurden, beigebracht. Hier hat man ohne Rücksicht auf den Bedarf große Mengen Silbers von Staatswegen angekauft und ausgeprägt, aber der Verkehr hat sich hartnäckig geweigert, sich dieses Geldes zu bedienen. In Amerika hat man sogar eine Erfahrung gemacht, welche, ähnlich wie wir es z. B. in Frankreich mit dem Golde erlebt haben, auch am Papiere zeigt, daß, sobald dem Publikum Gelegenheit geboten wird, sich eines bequemeren Zahlmittels als des früheren zu bedienen, seine Neigung und Gewohnheit alsbald diesem bequemeren Mittel sich zuwendet. Wenn in den Vereinigten Staaten auch das Gold selbst wenig gebraucht und dafür den verschiedensten Geldzeichen der Vorzug gegeben wird, so rührt dieser Zustand zumeist davon her, daß in den Zeiten des Sezessionskrieges, wo der Staat sich großer Massen von Papiergeld bedienen mußte, und infolgedessen das einen hohen Mehrwert (Agio) erzielende Gold außer Landes oder in die Verstecke ging, die Menschen sich gewöhnten, alle ihre Zahlungen, auch in kleineren Beträgen, in Papier zu machen; und natürlich ist es noch bequemer, Papier in seiner Tasche zu tragen und in Briefen zu versenden als Gold. So wie man nur das Zutrauen in den vollen Zahlungswert des Papieres besitzt, wird es im Gebrauch des täglichen Lebens nicht bloß dem Silber, sondern auch dem Gold den Rang ablaufen. Ja sogar in den Ländern, wo übermäßige Staatsverschuldung zur Ausgabe eines Uebermaßes von Papiergeld geführt hat, das eben darum fortwährenden Schwankungen und Verlusten ausgesetzt ist, hat sich trotz dieses Uebelstandes z. B. in Oesterreich das Publikum mit der Bequemlichkeit eines solchen Zahlungsmittels mehr vertraut gemacht, als dessen wirthschaftliche Natur rechtfertigt.

Der Kernpunkt der bimetallistischen Forderungen: Vermehrte Verwendung von Silber zur Notendeckung.

Ohne es einzugestehen oder sich klare Rechenschaft darüber zu geben, gehen die Silberfreunde bei ihren Vorschlägen für Wiedereinführung der sogenannten Doppelwährung selbst von dieser Erfahrung aus. Sie können nämlich nicht leugnen, daß der lebendige Verkehr das Silber, wenigstens im Westen Europas und in Nordamerika, überall zurückstößt, wo es ihm zu anderem Gebrauch als in Scheidemünzen, also in kleinen Quantitäten verteilt, angeboten wird. Sie haben daher auch keine Hoffnung, daß, wenn die Prägeanstalten der großen Staaten in unbeschränktem Maße grobe Silbermünzen auszuprägen beginnen würden, der Verkehr dieselben nicht ebenso zurückweisen würde, wie dies in Nordamerika mit den neugeprägten und in den Ländern des westeuropäischen Festlandes mit den in den öffentlichen Kassen angesammelten überschüssigen alten groben Silbermünzen geschieht. Die bimetallistischen Vorschläge zielen daher auch insgesamt darauf ab, nicht den Verkehr, der bereits mehr Silber besitzt, als er gebrauchen kann, mit einer neuen Zufuhr wirklicher Silbermünzen zu speisen, sondern gesetzliche Anordnungen dahin zu treffen, daß Papierzeichen geschaffen werden sollen oder können, deren Vollwert durch Hinterlegung entsprechender Quantitäten von Silber verbürgt werden soll. Hier sitzt in Wahrheit der Kernpunkt des Streites, um den es sich handelt, sofern man überhaupt von der Auffassung ausgeht, daß erstens nicht Gold genug in der Welt sei, um den Münzbedarf in den zivilisierten Ländern zu befriedigen, oder zweitens es an sich gerechtfertigt sei, ein Metall, das Silber, deswegen in größerem Maßstabe, als Geld zu verwenden, nicht weil ein Bedürfnis darnach bestehe, sondern, weil es notwendig sei, den Wert oder den Preis desselben durch größere Nachfrage zu erhöhen. Diese beiden Voraussetzungen, welche die eine wie die andere mit Entschiedenheit zu bestreiten sind, mögen aber für einen Augenblick auf sich beruhen, und es mag zum Zweck der Auseinandersetzung mit den Bimetallisten unter diesem Vorbehalt einmal, getrennt von allen übrigen Meinungsverschiedenheiten, die Frage beantwortet werden, ob man vernunftgemäß ein Metall als ein zum Gelddienste geeignetes bezeichnen kann, wenn dieser Dienst einseitig darauf beschränkt werden muß, nicht daß aus diesem Metall geprägte Geldstücke unter Umständen in den Verkehr kommen, sondern nur, daß die Massen desselben als Unterpfand für den Wert von papiernen Geldzeichen dienen sollen.

Innere Unmöglichkeit dieses Vorschlages.

Man braucht sich nur Rechenschaft davon zu geben, durch welchen Gedankengang diese bimetallistischen Vorschläge überhaupt in die Welt gekommen sind, um sofort zu erkennen, daß sie zur Verleugnung aller Grundbegriffe eines richtigen Geld- oder Zahlungsmittels führen. Wer überhaupt Schwindel und Unsicherheit aus dem Geldwesen eines Landes ausschließen will, muß immer daran festhalten, daß Papierzeichen nur unter der Bedingung als Geld zugelassen werden dürfen, daß sie jeden Augenblick gegen bares Metall eingewechselt werden können. Das wird auch von den Anhängern der Doppelwährung nicht bestritten, die sehr oft behaupten, daß grade sie die Solidität des Münzwesens verträten. Im deutschen Reiche ist man in dieser gewissenhaften Durchführung des Prinzips der unbedingten Einlösungspflicht so weit gegangen, daß man beispielsweise auch den verhältnismäßig geringen Betrag von 120 Millionen Mark, der in Reichskassenscheinen in kleinen Abschnitten von 5 bis 50 M. unter Bürgschaft des Reichs ausgegeben worden ist, nicht mit dem Zwangskurs zu versehen wagte, sondern dem Publikum das Recht gab, diese Scheine auf Verlangen an bestimmten öffentlichen Kassen zur Einwechslung gegen Gold einzureichen, obgleich man doch darauf hätte hinweisen können, daß ein Barschatz von ebensoviel Millionen in Gold in Friedenszeiten in einem festen Verließ in Spandau aufgespeichert sei. Ferner hat man auch die Scheidemünze, nämlich die Silberstücke von $1/2$, 1, 2 und 5 Mark, mit dem Recht versehen, an öffentlichen Kassen gegen Gold umgewechselt zu werden; und endlich hat man noch nicht so weit gehen wollen, wie in England, wo seit 1833 im Verkehr der Privaten untereinander die Noten der Bank von England gesetzlichen Kurs haben, d. h. so gut wie Gold an Zahlung angenommen werden müssen, während nur die Bank von England selbst nicht das Recht hat, gegen den Willen des Empfängers mit ihren Noten statt mit Gold zu zahlen. In Deutschland kann niemand gezwungen werden, von seinem Schuldner eine Zahlung in Noten der Reichsbank anzunehmen. Diese Einrichtungen, wie ähnliche in anderen Ländern, beweisen aufs schlagendste, daß die Grundbedingung des soliden Geldzeichens darin liegt, daß es jeden Augenblick auf Wunsch seines Inhabers sich in das wirklich nach Sitte und Gebrauch im Lande umgehende Edelmetallgeld verwandeln kann. Ist nun aber zugegeben, daß, wie oben ausgeführt, der Verkehr das Silber zu anderen Zwecken als zu kleinen Zahlungen nicht will, — was ja auch die bimetallistischen Vorschläge damit anerkennen, daß sie es nur als Unterpfand für Papiergeld verwendbar erklären, — so ist damit bewiesen, daß es dem Zweck der Verwandlung in normales Geld nicht angepaßt ist; und das würde sich auch sofort herausstellen, wenn einmal in einer Krisis der praktische Versuch mit einer solchen Geldordnung gemacht werden sollte. In dem Augenblick, wo die Papierzeichen mit Mißtrauen behaftet und zur Einlösung vorgezeigt würden und man versuchen würde, dieselben, statt mit Gold, mit Silber einzulösen, würde das Publikum unfehlbar noch viel größere Abneigung gegen dasselbe empfinden, als jetzt, wo man es ihm nicht aufzuzwingen sucht. Schon die leisen Versuche, die beispielsweise in früheren Jahren in Deutschland gemacht wurden, bei Zahlung aus öffentlichen Kassen hier und da dem Einzelnen mehr Thaler aufzunötigen, als er bequem nach Hause tragen konnte, haben immer Unwille und Beschwerde hervorgerufen, und infolge davon haben die Behörden auch schließlich darauf verzichtet, diese Nötigung auszuüben. Doch ist dies alles bis jetzt in ruhigen Zeiten des Vertrauens und der Gelassenheit in der Stille der einzelnen Fälle ohne jegliche Störung verlaufen.

Denke man sich aber in Tage großer Beunruhigung hinein — und nur in solchen kann überhaupt ein derartiges Mißtrauen in öffentlich beglaubigtes Papiergeld erwachen — und denke man sich hinzu, daß, nicht als einzelne versteckte Maßregel im kleinen Maßstab, sondern im breiten Umfang und mit unbeugsamer Gewalt dem vom Mißtrauen an die öffentlichen Kassen getriebenen Publikum gegen seine Zettel Massen von Silber aufgenötigt werden sollten, mit dem umzugehen und sich zu belasten man nicht mehr gewöhnt ist, so würde offenbar diejenige Ungunst, gegen welche die Verbreitung dieses Metalls im täglichen Verkehr schon jetzt zu kämpfen hat, sich gewaltig steigern. Der künstliche Wert, zu dem man es durch die Bestimmung zum Unterpfand hätte steigern können, so lange kein wirklicher Gelddienst von ihm verlangt wurde, würde in einen verhängnisvollen Zusammenbruch umschlagen. Entweder ist ein Edelmetall geeignet als Geld zu dienen — dann braucht man nicht von vornherein bei seiner Bestimmung zu Geldzwecken Maßregeln dahin zu ergreifen, daß es nicht in seiner ursprünglichen Form zu zirkulieren nötig habe; oder dasselbe ist nicht geeignet, als effektives Geld gebraucht zu werden, dann sind alle Kunststücke, um es auf Umwegen dazu zu verwenden, nur unzulängliche und hinfällige Scheinmaßregeln. Die Gesetzgebung, welche nur das Gold zum Hauptzahlungsmittel machen will, hat an sich gar nicht nötig, Veranstaltungen zu treffen, die es entbehrlich machen und Zeichen an seine Stelle setzen. Nur der Bequemlichkeit und der wirthschaftlichen Sparsamkeit wegen hat die Gesetzgebung in den Notenbanken, dem allgemeinen Bedürfnis entsprechend, die Möglichkeit geschaffen, statt des Goldes in Gold einlösbare Wertzeichen (Banknoten) zu verwenden. Aber sie ist keineswegs deshalb zu dieser Schöpfung gekommen, weil sie einsah, daß das Publikum sich weigern werde, sich des Goldes in großem Maßstab zu bedienen. Die Auskunftsmittel hierfür konnte sie dem Publikum überlassen. Ganz umgekehrt verhält es sich, wie eben ausgeführt, mit den Vorschlägen der Vermehrung öffentlicher Vorräte an Silber, welche von der Voraussetzung ausgehen müssen, daß man im täglichen Gebrauch nichts von ihm wissen will, mit anderen Worten, daß es kein brauchbares Geld ist.

Beispiel für das Scheitern eines solchen Versuchs: Nordamerika.

Thatsächliche Belege für diese Bewandtnis der Dinge fehlen auch nicht. So hat namentlich in den Vereinigten Staaten, wo die Silberleute durch ihren mächtigen Einfluß grade das System durchsetzen halfen, welches die Freunde der internationalen Doppelwährung für alle anderen Länder vorschlagen, die Erfahrung gezeigt, daß die Gesetzgebung und die Regierungspraxis nicht die volle Konsequenz aus dem angenommenen System zu ziehen wagten. Zwar beschloß man, jährlich große Silberkäufe zu machen, und weil sie nicht in Umlauf zu bringen waren, an ihrer Stelle papierne Zeichen ins Publikum zu verbreiten, welch' letztere Maßregel auch gelungen ist. Aber obwohl dieselben Gesetze vorschrieben, daß dieses so angehäufte und in Papier hinausgestreute Silber grade so gesetzmäßiges, aufzwingbares Geld sein solle wie Gold, hat man nie gewagt, dem Publikum zuzumuten, sich die Anwendung dieser Klausel gefallen zu lassen. Ja sogar man hat auf dem Wege der Gesetzgebung und Verwaltung sich alle erdenkliche Mühe gegeben, Beruhigung dafür zu schaffen, daß man nie daran denken werde, das hinterlegte Silber zur Zahlung wider Willen des Gläubigers zu verwerten. Man hat beispielsweise, um die Goldeinlösung des Papiergeldes der Union, der sogenannten Greenbacks, über allen Zweifel zu erheben, bestimmt, daß immer ein Vorrat von 100 Millionen Dollars zu diesem Zwecke im Staatsschatz bereitgehalten werden müsse, und obwohl die Silberdollars ebenso berechtigtes

Zahlmittel sind, haben die Vereinigten Staaten es immer von sich gewiesen, daß sie je daran denken könnten, ihre Schulden anders als in Gold bezahlen zu wollen.

Weitere Beispiele: Portugal und Spanien.

Im abgelaufenen Jahre sind an zwei Stellen Versuche gemacht worden, die Zahlungsfähigkeit eines Landes damit aus Verlegenheiten zu retten, daß die öffentlichen Kassen, als sie nicht mehr im Stande waren, ihre Schulden in Gold einzulösen, Zahlungen in Silber als vollwertig anboten. Aber dies verhinderte keinen Augenblick, die Thatsache der Zahlungsunfähigkeit und deren Wirkung an den Tag zu bringen. So verliefen die Dinge in Portugal und in Spanien. Wenn wir von Portugal absehen, welches durch einen öffentlichen Bankbruch seine Gläubiger schädigte, und uns nur auf Spanien als Beispiel beschränken, das wenigstens dem Namen nach seine Verpflichtungen zu erfüllen fortfährt, so genügt doch auch dieses Beispiel, um zu bekunden, daß papierne Geldzeichen, sobald aus der Möglichkeit, sie in Silber statt in Gold einzulösen, eine Thatsache gemacht wird, den Dienst versagen. Als die Bank von Spanien zu viel Geld ausgeborgt hatte, um ihre Noten mit Gold einzulösen und unter Mitwirkung des Staates die Zahlung mit Silbermünzen begann, verlor das spanische Geld sofort einen großen Teil seines nominellen Wertes. Die Noten der Bank und, was damit gleichbedeutend ist, der Wechselkurs des Auslandes auf Spanien erlitten einen Verlust von 15—20 pCt.

Der Zustand der hinkenden Währung.

Der Zustand, den man die hinkende Währung nennt, und der, wenn auch in sehr begrenztem Maßstabe zur Zeit noch in Deutschland existiert, beruht auch auf einem Verhältnis, welches mit den hier geschilderten Mängeln zusammenhängt. Hinkende Währung nennt man nämlich diejenige Münzverfassung, welche Gold zur Grundlage hat, und demzufolge auch das Gold in unbegrenzter Weise zur freien Prägung zuläßt, nicht aber Silber, obgleich ein noch aus früherer Zeit vorhandener Vorrat von größeren Silberstücken als vollwertiges, dem Golde gleichstehendes Geld vom Gesetze behandelt wird. Wie von allen Parteien und gerade besonders auch von den Bimetallisten zugegeben wird, ist nur dasjenige Geld als ein richtiges und vollwertiges zu betrachten, welches zu den gesetzmäßigen Bedingungen jeder Zeit unter Vermittelung der Landesprägeanstalten auf Verlangen dessen, der das Metall einliefert, ausgemünzt werden muß. Diese Vorschrift gilt für die meisten europäischen Länder, namentlich auch für Deutschland und die Staaten des sogenannten lateinischen Münzbundes. Neben diesen Hauptmünzen haben alle diese Staaten Scheidemünzen, an welche der Anspruch, ihren vollen Wert in Metall zu enthalten, nicht gestellt wird. Bekanntlich sind die silbernen Teilungs- oder Scheidemünzen sowohl Englands als Deutschlands und der lateinischen Staaten sogar aus einer solchen Mischung von Silber mit Kupfer hergestellt, welche nicht einmal dem Verhältnis des Wertes von $15\frac{1}{2}$ zum Golde entspricht, sondern, auch wenn man dieses Verhältnis zu Grunde legt, noch einen geringeren Wert an Silber enthält, und die kleinere Scheidemünze, welche aus Nickel, Bronze und Kupfer zusammengesetzt ist, stellt bekanntlich ihrem Metallwert nach nur einen kleinen Teil dessen vor, wofür sie als Zahlung genommen werden muß. Es ist anerkannt, daß eine solche Minderwertigkeit der Scheidemünze nicht mit Schaden für die öffentlichen Interessen verbunden ist. Sie gilt nicht ihrem eigenen Gehalt nach sondern nur als ein Zeichen (in England token-money), und weil der Verkehr immer einer gewissen Quantität dieses Geldes bedarf, das aufs Inland beschränkt bleibt, und keinen Anspruch an den Kredit des Auslandes erhebt, entspringen aus seiner Unterwertigkeit auch niemals Verlegenheiten, aber dies nur unter einer Bedingung, nämlich daß nicht mehr davon ausgeprägt werde als erfahrungsmäßig für den kleinen inneren Ausgleichverkehr erforderlich ist. Darum ist gesetzlich vorgeschrieben, daß nur der Staat berechtigt ist und nur in vorgeschriebenen Grenzen, solche unterwertige Scheidemünze zu prägen. In den Staaten der hinkenden Währung besteht nun zwischen dieser Scheidemünze und der Goldmünze ein Zwischending, welches nicht vom Gesetze geschaffen ist, sondern nur ein Ueberbleibsel aus dem Uebergang einer Münzverfassung in die andere darstellt und seiner Natur nach ein Zwitterding zwischen Scheidemünze und vollwertigem Gelde ist. Dieser Art sind in Deutschland die noch vorhandenen Thaler, in den Ländern des lateinischen Münzbundes die Fünffrankenstücke. Mit der Scheidemünze haben sie gemein, daß keine Prägefreiheit für sie existiert und daß ihr Metallwert hinter ihrem Nominalwert zurückbleibt; mit der Goldmünze haben sie gemein, daß sie zur Begleichung aller Schulden in jeglichem Betrag verwendet werden können. Daß sie überhaupt existieren, rührt eben daher, daß sie in früheren Zeiten Hauptmünze mit vollem Wert (Gehalt) waren, nach neuerer Gesetzgebung aber zu verschwinden bestimmt sind, indem sie das von der vollen Münze unzertrennliche Recht der freien Prägung verloren haben. Wo man sie entweder nicht ganz beseitigen wollte, wie aus besonderen zufälligen Gründen in Deutschland, oder nicht völlig beseitigen konnte, wie nach Lage der Gesetzgebung in Frankreich, hat man ihnen daher trotz ihrer anerkannten Minderwertigkeit die Eigenschaft eines vollen Geldes erhalten, und man hat sich mit dieser Münze unbeschadet ihrer Unvollkommenheit behelfen können, weil erstens der Staat sowohl sich selbst als den Privaten nicht erlaubt sie zu vermehren, und weil zweitens, um ihre Unterwertigkeit unschädlich zu machen, stillschweigend angenommen wird, daß im Interesse der öffentlichen Zahlungsfähigkeit von der Eigenschaft dieser größeren Silberstücke, als dem Golde gleichwertig betrachtet zu werden, niemals ein ernstlicher Gebrauch gemacht werden soll.*)

Uneigentliche hinkende Währung in Deutschland.

Die Staaten mit gesundem Kredit, welche den Zustand der hinkenden Währung bis jetzt beibehalten haben, sorgen daher dafür, daß in Wirklichkeit die großen Silbermünzen bei Zahlungen nicht aufgedrängt werden, vielmehr In- und Ausland sich darauf verlassen, daß ihre Forderungen in vollwertigem Golde einkassiert werden können. So wird die Sache namentlich in Frankreich, auch in dem nicht zum lateinischen Münzbunde gehörigen Holland und ganz besonders in Deutschland gehandhabt. Das was man überhaupt den Zustand der hinkenden Währung nennt, wie er hier beschrieben ist, entspricht der wirklichen Zusammensetzung des deutschen Geldumlaufes so wenig, daß man die Bezeichnung kaum noch auf unsere Verhältnisse anwenden kann. — Seitdem im Jahre 1879 auf Grund eines oft gerügten Irrtums das Einschmelzen und Verkaufen von Thalern im Widerspruch mit der ausdrücklichen Vorschrift des Gesetzes eingestellt worden, hat man auf Grund von Berechnungen, an deren Richtigkeit nicht zu zweifeln ist, den in Deutschland noch vorhandenen Betrag von Thalern auf ungefähr 400 Millionen Mark geschätzt. Von diesen Thalern befinden sich bekanntlich viele in den Händen des Publikums, wo sie ebenso wie die Ein- und Zweimarkstücke als Scheidemünze und Taschengeld gebraucht werden und kein ungesundes Element des Umlaufs bilden. Der Rest dessen, was nicht auf diese Weise täglich umläuft, liegt in

*) Siehe den Nachtrag.

den Kellern der Reichsbank, und wie hoch dieser Betrag ist, wird bekanntlich geheim gehalten. Wenn auch nicht genau, so weiß man doch annähernd, wie hoch er sich äußersten Falls berechnen mag, und nimmt allgemein an, daß er allmählich zu einem innerhalb gewisser Grenzen schwankenden Maximum sich festgesetzt hat, welches auf etwa 250 Millionen Mark geschätzt wurde, ehe durch die im vorigen Jahre abgeschlossene Uebereinkunft mit Oesterreich die in diesem Maximum mit einbegriffenen Thaler österreichischen Gepräges zur Einschmelzung verurteilt wurden. Da die Gesamtheit dieser österreichischen Thaler, welche noch in Deutschland vorhanden sein können, mit annähernder Gewißheit auf beiläufig 78 Millionen Mark geschätzt wird, so vermindert sich infolge dieses Betrages der Gesamtvorrat an solchem unterwertigen groben Silbergeld um die bezeichnete Summe, und nachdem dann 26 Millionen Mark in Thalern an Oesterreich abgeliefert worden sind und das Uebrige spätestens im Frühjahr 1894 außer Verkehr zu setzen ist, wird nicht nur die Gesamtzahl an solchen unterwertigem Vollgeld im deutschen Bestand um den entsprechenden Betrag vermindert sein, sondern es wird auch der Vorrat an Silberthalern in den Kellern der Reichsbank um denjenigen Betrag abnehmen, der von österreichischen Thalern bis jetzt im Publikum umlief und für den sie Thaler deutschen Gepräges in den Kleinverkehr bringen wird. Daher kann man mit Sicherheit annehmen, daß nach Vollziehung der geschilderten Operation der Silberthaler-Vorrat der Reichsbank stark hinter 200 Millionen Mark zurückbleiben wird. Wenn nun feststeht, daß durchschnittlich im vorigen Jahre der Metallbestand der Reichsbank 942 Millionen betrug, und daß dieses Metall, abgesehen von den Thalern, aus Goldmünzen und Goldbarren und einem kleinen Teil von Reichsscheidemünze, die für den Verkehr bereit gehalten werden muß, zusammengesetzt ist; daß außerdem zu diesem Bankvorrat durchschnittlich noch etwa 10 Millionen Mark anderer deutscher Banknoten gehören, zu deren Einlösung in Gold die betreffenden Banken reichlich mit diesem Metall versehen sind, so ergiebt sich daraus, daß die Reichsbank im vollsten Maße mit einem Metallschatze versehen ist, der sie nach allen Grundsätzen der Lehre und der Erfahrung befähigt, ihre Schulden durchaus in vollwertiger Goldmünze zu bezahlen. Auch wenn die Silberthaler, welche heuer in der Bank liegen, gänzlich ohne Ersatz aus den Kellern verschwänden und nur das vorhandene Gold zur Deckung der Noten und Schulden der Reichsbank übrig bliebe, würde dieselbe noch reichliche Sicherheit dafür bieten, daß sie allen Ansprüchen eines gesunden Noten- und Geldwesens entspräche.*) Endlich sei auch noch erwähnt, daß von Zeit zu Zeit von den vorhandenen Thalern nach Verfügung des Bundesrats etliche Millionen eingeschmolzen und zu Reichsscheidemünzen verwendet werden, da von letzteren bis jetzt nicht so viel ausgeprägt ist, als das Gesetz im Verhältnis zur Bevölkerungszahl auszubringen ermächtigt. Wenn daher gesagt wird, daß Deutschland zu den Ländern mit hinkender Währung gehöre, so kann man das zwar nach dem Wortlaut nicht bestreiten, aber thatsächlich verdient unser Zustand kaum mehr diese Bezeichnung, welche ihm die Gegner, um unsere Münzreform herabzuwürdigen, anzuhängen bemüht bleiben. Ganz mit Recht hat daher der Vertreter des deutschen Reichs auf der letzten Brüsseler Münzkonferenz sich gegen die Behauptung verwahrt, daß die deutsche Reichsbank daran denke, unter Umständen nicht mit Gold, sondern mit Silber zu zahlen, wie einer der Hauptverteidiger der

---

*) Siehe Nachtrag.

Doppelwährung ihr nachgesagt habe. Die Reichsbank hat eben nicht nur den guten Willen, sondern auch den genügenden Vorrat, um die Goldwährung zu einer praktischen vollen Wahrheit zu machen, und darum paßt nur zum Schein noch auf Deutschland die Bezeichnung eines Landes mit hinkender Währung.

Thatsächlich hinkende Währung in Holland u. dem lateinischen Münzbunde.

Im Gegensatze zu Deutschland befinden sich Holland und die Länder des lateinischen Münzbundes in einem Zustande, auf den die Bezeichnung der hinkenden Währung mit Recht paßt. Während, wie wir eben gesehen haben, die deutsche Reichsbank zwischen ein Fünftel und ein Sechstel ihres Metallvorrats in alten Thalern besitzt, weist der Barbestand der französischen Bank ein Verhältnis von 1200 Mill. Silber zu 1700 Mill. Gold auf, und ähnlich verhält es sich mit den in den Adern des Verkehrs nach allgemeiner Schätzung befindlichen Vorräten beider Metalle. Allerdings ist Frankreich zur Zeit ebensowenig wie Deutschland der Gefahr ausgesetzt, die krankhaften Folgen des Hinkens seiner Währung zu erleben, aber nicht weil das Verhältnis des einen Metalls zum anderen in seinem Vorrate ein relativ so günstiges ist wie in Deutschland, sondern vielmehr, weil auf Grund alten Reichtums und alter Gewohnheiten überhaupt das Land den größten Vorrat an Edelmetall unter allen zivilisierten Völkern besitzt und sein absoluter Goldvorrat genügt, um allen Bedürfnissen zu entsprechen. In Belgien, Holland, der Schweiz, von Italien nicht zu reden, ist das Verhältnis des Goldvorrates zum Silber in den Banken wie im Verkehr ein viel schwächeres als in Deutschland, und dennoch sind die drei erstgenannten Länder im Stande, die Geltung ihrer Zahlungsmittel im allgemeinen auf dem Gleichwert mit Gold zu erhalten, eben weil dieses, wie früher ausgeführt, nur zum Ausgleich ausnahmsweise für internationale Zahlungen verlangt wird, und der Verkehr im

Innern sich mit Ersatzmitteln behilft, welche vom Vertrauen getragen werden.

Wenn aus dem Vorhergehenden sich ergiebt, daß der noch vorhandene Thalervorrat in der Reichsbank für die Fähigkeit derselben in Gold zu zahlen gleichgültig ist, und der Rest im Verkehr der Scheidemünze gleichsteht, so tritt dadurch der Gedanke näher, von einer gesetzlichen Maßregel Gebrauch zu machen, welche schon im Jahre 1876 durch Reichsgesetz vorgesehen worden ist. Diese Bestimmung hatte den Zustand, wie er jetzt vorliegt, ins Auge gefaßt, daß nämlich ein Zeitpunkt eintreten könne, in welchem noch ein Betrag von alten Thalern vorhanden wäre, den man einerseits aus irgend welchen Gründen nicht einschmelzen, aber anderseits nicht mit dem Rechte, dem Golde gleichwertig als großes Zahlungsmittel zu dienen, fortbestehen lassen wollte. Um einen Ausweg aus diesem Gegensatze zu finden, wurde bestimmt, daß durch Beschluß des Bundesrats jederzeit ein solcher Rest von Thalern zur Scheidemünze erklärt werden könne. Die Thaler würden dadurch im Verkehr brauchbar bleiben, jedoch nur wie die neuen Reichssilbermünzen mit der Maßgabe, daß mehr als 20 Mark bei Zahlungen nicht aufgenötigt werden könnten, und daß die Reichskassen verpflichtet wären, größere Beträge in Gold umzuwechseln. Unbedenklich könnte der Bundesrath jetzt von diesem Vorbehalt Gebrauch machen und dadurch ein für allemal den von den Gegnern unserer Währung oft gebrauchten Einwand entkräften, daß wir in einer hinkenden Währung stecken geblieben seien und noch nicht die vom Münzgesetz vorgesehene „Reichsgoldwährung" im vollen Sinn des Wortes besäßen. Wenn die Reichsregierung noch nicht zu diesem Entschluß gekommen ist, so beruht das wahrscheinlich auf zwei Gründen, erstens auf der Einschüchterung, welche die bimetallistische Agitation auf sie ausübt, mit der Wirkung

Unberechtigtes Widerstreben gegen eine volle Durchführung der Goldwährung

u. a., daß sie gern alles vermeidet, was den Streit in besonderer Weise anzufachen geeignet wäre, zweitens auf der hier und da gehegten Vorstellung, daß in unruhigen Zeiten von Handelskrisen und kriegerischen Verwickelungen ein Ansturm auf die Goldvorräte der Reichsbank erfolgen könnte, bei dem es ein praktisches Auskunftsmittel wäre, durch die vom Gesetz noch geschützten Thaler eine Zahlungsart zu ermöglichen, welche die Notwendigkeit mit Gold zu zahlen umginge. Aber dieser Hintergedanke ist in der That nicht so praktisch wie er aussieht, und wir haben schon vorher gezeigt, wie wenig Spanien mit solcher Ausflucht seinen Zweck erreichte. Ohne Zweifel würde es jedem anderen Lande, das unter gesetzlichem Vorwand seine bis jetzt aufrecht erhaltene moralische Verpflichtung, in Gold zu zahlen, thatsächlich unter Berufung auf Gesetzesparagraphen verleugnen wollte, ähnlich ergehen. Nur Gold ist heute als vollwertig zugelassen im Weltverkehr. Wer seinem Gläubiger Silber aufnötigen will, erklärt sich bankerott in dem Verhältnis, als er Silber zu einem höheren Preise anbietet als dasselbe auf dem Weltmarkt erzielt, und der Kredit fragt dann nicht darnach, ob diesem Angebote einer Zahlung mit 20 oder 30 Prozent Verlust ein Paragraph zur Seite steht oder nicht. Wenn für Deutschland die Gefahr bestände, daß in einem gegebenen Moment seine Goldwährung einem Andrange nicht standhalten könnte, so wäre es ganz einerlei, ob es mit Silber oder mit einer vergrößerten Banknotenzahl die Gefahr zu beschwören suchte. Ja sogar das Letztere wäre entschieden vorzuziehen. Denn statt eines Versuches, die Gläubiger mit unterwertigem Silber zu betrügen, würde es die ehrliche Absicht bekunden, dieselben mit Noten zu bezahlen, die man sich nach Ueberwindung der Krisis mit Gold einzulösen für verpflichtet hielte, und die Aeußerung eines solchen Vertrauens in die eigene Kraft wie in das Vertrauen der anderen zu dem eigenen guten Glauben würde entschieden viel besser wirken als der Versuch, sich hinter einer Täuschung zu verstecken. Das hat sich auch bewährt, als Frankreich während des letzten Krieges, um seinen Goldvorrat zu schützen, die Barzahlung einstellte und die Noten vermehrte.

Möglichkeit dieser Durchführung: Der reiche Goldvorrat in Deutschland.

Aber nichts legt die Vermuthung nahe, daß Deutschland überhaupt eher als irgend ein anderes in normalen Verhältnissen verkehrendes Land überhaupt in die Lage kommen könnte, von solchen Notbehelfen Gebrauch zu machen. Es ist bereits gezeigt worden, daß die Goldvorräte der Reichsbank sich in ganz gesunden Verhältnissen bewegen, und noch mehr gilt dies von den noch bestehenden Privatnotenbanken, die den ihnen vorgeschriebenen Metallschatz ausschließlich in Gold besitzen. Die Adern des Verkehrs sind reichlich mit Gold gesättigt; noch niemals ist bis jetzt eine Klage über das Gegenteil aufgetaucht, und die Zahlen, welche nach unzweifelbar annähernd richtiger Schätzung dieser Goldvorrat im Privatverkehr aufweist, sind auch ganz darnach angethan, jeden Gedanken an einen Mangel auszuschließen.

Die angebliche Unzulänglichkeit dieses Goldvorrates für den Kriegsfall.

Nichtsdestoweniger figuriert unter den Einwendungen, welche die Gegner unserer Goldwährung regelmäßig vorbringen, der Ruf, daß bei Ausbruch eines Krieges die Goldwährung in Nichts zerrinnen und damit der Bankerott hereinbrechen werde. Dieses so oft hinausgestoßene Geschrei wirkt um so mehr auf die Phantasie, als seine Berechtigung niemals in geordneter Gedankenreihe begründet, sondern auf den Knalleffekt eines falschen Schreckschusses sich verlassen wird. Darum ist es schon der Mühe wert, einmal ein wenig bei diesem Kunstgriff zu verweilen und ihn in seiner ganzen Falschheit zu zeigen.

Unmöglichkeit, die cirkulierenden Geldvorräte über Bedarf zu vermehren.

Wie stellt man sich überhaupt den regelrechten Zustand der Geldverfassung eines Landes vor? Muß es immer derartig ein Uebermaß von Umlaufsmitteln besitzen, daß in einem gegebenen Fall von ungewöhnlichen übergroßen Bedürfnissen Mittel zur Befriedigung derselben vorhanden seien, ohne ihren Abgang für die Gesamtheit fühlbar zu machen? Die Antwort ergiebt sich von selbst, wenn man so die Frage richtig stellt. Jedes Maß von vorhandenen Geldmitteln wird sich beim regelmäßigen Verlauf ruhiger Zeiten so auf die verschiedenen Kreise des Landes verteilen, daß dieselben ihren Gebrauch darnach einrichten und die vorhandene Fülle ihren Verkehrsgewohnheiten anpassen. Ist dies aber der Fall, so wird auch jede bei einer Krise eintretende Veränderung, welche zu bestimmten Zwecken und aus bestimmten Gründen eine einseitige Strömung oder einen Abfluß dieser Geldmittel hervorruft, sich als eine Störung in den Verkehrsgewohnheiten geltend machen und als ein relativer Mangel empfunden werden. Es giebt daher gar keine Vorsorge, welche verhindert, daß in Ausnahmezuständen auch bei noch so großer vorangegangener Fülle eine mißliche Veränderung entstehe. Ferner sorgt die Natur der Dinge, wie allen Sachverständigen bekannt ist, dafür, daß eine über die regelmäßigen Bedürfnisse des Vekehrs ausgedehnte Fülle von Geldmitteln auf die Dauer sich gar nicht erhalten kann. Bei dem ununterbrochenen Austausch von Waren und Edelmetall und namentlich in neuerer Zeit von Wertpapieren zwischen allen civilisierten Ländern ist es unvermeidlich, daß jeder Ueberfluß an einem oder dem anderen dieser Artikel durch Abströmen nach den übrigen Ländern das Gleichgewicht herstellt, zunächst beispielsweise bei Metallgeld vermöge der Einwirkung, welche der zu große Vorrat desselben auf den Zinsfuß des betreffenden Landes ausübt, indem er ihn herabdrückt und dadurch einen Abfluß des Goldes nach den Regionen veranlaßt, wo ein höherer Zins zu erlangen ist. Wenn irgend etwas feststeht in der Lehre von der Geldwirtschaft, so ist es dieses, und darauf beruht die seit einem halben Jahrhundert feststehende gesunde Praxis der nationalen Notenbanken. Endlich aber ist es nicht blos unvermeidlich, sondern auch ganz heilsam, daß in denjenigen Fällen, wo eine scharfe Veränderung in der Verteilung und Verfügbarkeit des Geldvorrats in einem Lande entsteht, diese jedem Einzelnen der Beteiligten zum Bewußtsein komme, damit er sein Handeln darnach einrichte. Es verhält sich damit gerade so wie mit einer krankhaften Veränderung im körperlichen Organismus, die sich durch einen Schmerz ankündigt und dadurch zum Einschreiten gegen das Uebel auffordert. Wenn aus irgend einem Grunde kommerzieller oder politischer Natur ein Notstand hereinbricht, so wäre es im höchsten Grade schädlich, wenn nicht jeder an den Geschäften des Landes Beteiligte veranlaßt würde sich darnach zu richten und anders zu wirtschaften als in Zeiten der Ruhe, der Sicherheit und des Ueberflusses. Ist es darnach auf der einen Seite gar nicht denkbar, den Geldvorräten eines Landes jahraus, jahrein eine Ausdehnung zu geben, die weiter reicht, als zu einer Versorgung des regelmäßigen Verkehrs nötig ist, so müßte jeder Versuch, einen solchen Zustand herzustellen, mißlingen, ja es ist anderseits auch gar nicht einmal wünschenswert, daß ein solcher Zustand geschaffen werde.

Daher nur ein Mittel, für den Kriegsfall einer Krisis vorzubeugen: Das Aufspeichern von Gold. Der deutsche Kriegsschatz.

Die einzige Art, wie man sich für außerordentliche Fälle von Geldbedürfnissen einrichten kann, ohne an den eben erörterten Gesetzen des Verkehrs zu scheitern, besteht darin, daß man sich einen Vorrat davon anlegt, welcher außer Verbindung steht mit den Kanälen des regelmäßigen Verkehrs, so daß er diese weder beeinflussen kann, noch wechselweise ihrer Einwirkung ausgesetzt ist. Zu einem solchen Mittel hat ganz richtig auch die deutsche Gesetzgebung gegriffen, indem sie den bekannten Kriegsschatz von 120 Millionen Mark im Juliusthurm zu Spandau niederlegte. Darin ist sie zugleich dem Vorgang gefolgt, welcher in Preußen vor Schaffung des Reiches bestand. Hier war, alter Ueberlieferung getreu, immer eine bestimmte Anzahl von Millionen in bar als Kriegsschatz aufgespeichert. Das Reich schloß sich dieser Ueberlieferung an mit der Veränderung, die sich aus der Natur der Sache ergab. Statt des Silbergeldes wurde Gold genommen, und mit der Vergrößerung des Gebietes wurde die Summe vergrößert. Man sollte denken, daß eine solche gesetzliche Fürsorge, die doch gerade den Zweck hatte, dem Gedanken an Beunruhigung wegen plötzlich eintretenden Mangels an Geldmitteln entgegenzutreten, von vornherein geeignet sei, den Alarmrufen, als wenn die Goldwährung aus besonderen Gründen dazu führen müsse, bei ausbrechendem Kriege Geldverlegenheiten zu schaffen, vorzubeugen. Die von der Reichsgesetzgebung getroffene Fürsorge muß um so höher veranschlagt werden, als sie einzig dasteht in der Gesetzgebung der ganzen Welt. Kein anderes Land hat eine ähnliche Einrichtung, aber in keinem Aktenstücke und in keiner Rede, welche von der Doppelwährungs-Agitation ausgeht, wird man ein Wort der Erwähnung dieser merkwürdigen Einrichtung finden. Nicht nur ist im Princip damit der Beunruhigung, welche man künstlich hervorzurufen bemüht ist, entgegengetreten, sondern es ist auch nach menschlichem Ermessen in gebührendem Maße für den ins Auge gefaßten Notfall gesorgt. Der Kriegsschatz von 120 Mill. wird nämlich, sobald er zur Verwendung kommt, nicht bloß diesen Betrag, sondern einen beträchtlich größeren zur Verfügung stellen. Man muß nicht annehmen, daß eintretendenfalls das Gold aus dem Juliusturm unmittelbar an die Militärkassen verteilt würde. So plump werden diese Dinge in einem Lande mit so ausgebildeter Geldwirthschaft wie Deutschland nicht gehandhabt. Die Reichsregierung steht vielmehr jahraus, jahrein für ihre Ausgaben und Einnahmen in laufender Rechnung mit der Reichsbank. In einem Kriegsfall würde sie unter Umständen auch den Kredit der Reichsbank in Anspruch nehmen, aber ohne die Zahlungsfähigkeit derselben mit Verletzung der für die Notenausgabe bestehenden Grundsätze zu gefährden. Das Geld des Juliusturmes würde je nach Umständen in den Bankschatz fließen und der Staat dafür einen gleichwertigen oder auch höheren Betrag vollwertiger und vertrauenswürdiger Banknoten erhalten. Anders könnte die Sache auch nicht sein, wenn Deutschland statt Gold- Silber- oder Doppelwährung hätte, und so fällt dieses Argument wie alle anderen, welche gegen die bestehende Münzordnung ins Feld geführt werden, gänzlich zusammen. Der Vorschlag aber, schon jetzt die korrekte Goldwährung zu beseitigen und durch die in keinem europäischen Lande mehr bestehende Silberwährung zu ersetzen, weil man glaubt, solches Silber werde im Kriegsfalle weniger fehlen, kommt genau auf den Entschluß jenes Mannes hinaus, der aus Furcht zu ertrinken ins Wasser sprang. Die bimetallistische Darstellung dieser Sache ist aber charakteristisch für die gesamte falsche Auffassung, von der diese Bestrebungen ausgehen. Sie denken sich die Möglichkeit der Schaffung eines Geldzustandes, welcher jahraus, jahrein mit mehr wirtschaftet als nötig ist, und dies ist, wie oben gezeigt, ganz besonders bei den Umlaufsmitteln ein Widersinn. Daß das Nötige in Deutschland vorhanden ist, bedarf keines Nachweises. Sowohl die Zahlen als die thatsächlichen Zustände geben den unwiderstehlichen Beleg dafür. Wie schon oben erwähnt, könnten die vorhandenen Bankvorräte dazu dienen, um einen viel größern Betrag von Geldmitteln in Form von Banknoten zu decken, als jetzt ausgegeben sind, wenn der Verkehr ein Bedürfnis darnach hätte. Auch empfindet nirgends der Verkehr ein Bedürfnis nach barem Gelde, das er nicht augenblicklich befriedigen könnte, und dies muß auch so sein, weil das gemünzte Geld und das dasselbe ergänzende Zahlungsmittel sich gegen den Zustand vor 1873 viel stärker vermehrt hat, als dem Anwachsen der Bevölkerung entspricht.

Das Sinken der Warenpreise von den Bimetallisten fälschlich der Goldwährung in die Schuhe geschoben.

Allen diesen unleugbaren Thatsachen sucht man damit entgegenzutreten, daß man sagt, seit Verbreitung der Goldwährung in Europa seien die Preise der meisten Waren zurückgegangen, und dies sei nur aus einem Mangel an Zahlungsmitteln zu erklären. Aber bekanntlich giebt es für diese Erscheinung, die in der Hauptsache nicht bestritten wird, ganz andere und naheliegende Erklärungen, die im wesentlichen darauf hinausgehen, daß die Verminderung teils der Herstellungskosten, teils der Transportkosten, sowie die Erschließung neuer Produktionsgebiete den unfehlbaren und auch nützlichen Erfolg haben mußten, die Preise der Waren herabzumindern.

Ein Sinken der Warenpreise an sich noch nicht identisch mit wohlfeiler werdender Lebensführung.

Von dem Einfluß der Ernten und den in den letzten Jahren gerade hierin gemachten Erfahrungen ist schon oben die Rede gewesen. Aber eine andere Seite der Sache soll jetzt in Betracht gezogen werden. Geben wir einmal zu, daß die Mehrzahl der Waren in den letzten Jahrzehnten im Preise herabgegangen sei, und sehen wir einmal von der Frage ab, woher das komme: Hat sich nun etwa daran die Folge geknüpft, daß die Menschen und namentlich die weniger bemittelten Klassen mit weniger Geld auskommen als früher? Das müßte doch der Fall sein, wenn wirklich es so unbedingt wahr wäre, daß die Preise aller Dinge herabgegangen seien, und gerade wenn eine solche Erscheinung daraus entspränge, daß zu wenig Geld vorhanden wäre, müßte sie auch ausnahmslos ihren Preisdruck auf alle Gegenstände und auf alle Leistungen ausgeübt haben. Denn mit Geld wird alles bezahlt. Machen wir die Sache noch handgreiflicher. Drängt sich der Mehrzahl der Menschen die Beobachtung auf, daß sie für das eingenommene Geld mehr Mittel zum Lebensunterhalte empfangen als in früheren Zeiten? Auch diese Frage braucht man nur zu stellen, um die richtige Antwort darauf zu erhalten. In jedem Lande und nicht am wenigsten in Deutschland erhebt sich die Klage, daß das Leben teurer wird, daß die dem Einzelnen zu Gebote stehenden Geldmittel immer weniger hinreichen, um seine Ausgaben zu bestreiten. Diese Erfahrung erstreckt sich von der bescheidensten Wohnung bis zu dem Haushalt der mit Hunderten von Millionen arbeitenden Großstaaten. Jedes Jahr steigen die Ansprüche an die Ausgaben der Regierungen und damit an die Steuerpflicht der Staatsangehörigen; und während die Staatsangehörigen selbst in wachsendem Maßstab Mühe haben, mit den ihnen verfügbaren Geldmitteln den ihren Gewohnheiten entsprechenden Unterhalt zu bestreiten, sollen sie immer mehr von diesen Geldmitteln abgeben, um das immer teurer werdende Leben der Allgemeinheit zu versorgen. Zum Teil entspringt das Verlangen grade der Regierungen nach höheren Geldeinnahmen aus der Erkenntnis, daß die große Zahl der von ihnen besoldeten Beamten und gerade die unteren Klassen derselben mit ihren gegenwärtigen Gehältern nicht auskommen können. Die Volksvertretungen müssen dies anerkennen und müssen so selbst dahin drängen, daß der Masse der Bevölkerung ein größerer Teil ihrer Einnahmen entzogen werde, um die Beamten in erträgliche Verhältnisse zu bringen.

Man werfe beispielsweise auf die Ausgaben unseres Einige specielle Nachweise hierfür aus den Erhöhungen im Etat des auswärtigen Amtes, der Krondotation u. s. w.

auswärtigen Amtes einen Blick. Nehmen wir den Etat aus der letzten Beratung für das Jahr 1893/94 zur Hand. Was finden wir da? An zahlreichen Stellen eine Erhöhung der Besoldungen. Gleich bei Nr. 2 lesen wir: „Die Dotation des Legationskanzlisten in Bangkok mit 7000 M. ist durchaus unzureichend, da seit der Festsetzung derselben im Jahre 1888 die Preise um durchschnittlich 62 % gestiegen sind." Dies ist Asien. Nun kommen wir bei Nr. 8 zu Amerika: Zulage für den Legationskanzlisten in Carracas. „Die Legationskanzlistenstelle ist seit 20 Jahren mit 6000 M. dotiert. Seitdem sind die Mieten um 50 %, die Lebensmittelpreise um 30 % gestiegen." Bei Nr. 11 kommen wir schon unsrem Wohnort näher, wir befinden uns im Haag, in Holland. „Die seit 1874 ausgebrachte Besoldung von 5400 M. für den Legationskanzlisten im Haag hat sich bei der notorischen Teuerung in dieser Stadt als unzureichend erwiesen. In den letzten 8 Jahren sind die Preise allein um 20 % und mehr gestiegen." Ferner Nr. 12: „Der Posten des Gesandten in Kopenhagen ist seit 1873 mit 36000 M. dotiert. Seit jener Zeit sind insbesondere in Folge stetiger Zunahme des Fremdenverkehrs die Preise um 20—25 % gestiegen." Nr. 14: Zulage für den Legationskanzlisten in Lissabon. „Derselbe bezieht seit 1874 ein Diensteinkommen von 5400 M. Seit jener Zeit sind die Preise der aus dem Ausland kommenden Waaren um 30—50 % und mehr gestiegen, in noch höherem Grade diejenigen der Mieten und Löhne sowie mancher Inlandsartikel." Dasselbe wiederholt sich bei dem Konsulatssekretär in Galatz, Porto Allegre, Pretoria, Stockholm, also für alle Erdteile, für Nord und Süd. Hat man sich doch für die Erhöhung der Dotation der Krone in Preußen, welche bei der Thronbesteigung Wilhelms II. mit mehr als drei Millionen Mark bewilligt worden ist, gerade auch auf die Steigerung der Preise berufen;

und was hier von der höchsten Stufe der Lebenshaltung anerkannt worden ist, wird bekanntlich noch viel weniger bestritten beispielsweise von dem Bedarf so großer und nützlicher Abteilungen von Staats- und Gemeindebeamten wie die Bediensteten der Post oder die Lehrer der Volksschulen. Aus den Reihen der Offiziere haben sich dieselben Klagen erhoben und scheinen nicht unbegründet zu sein.

Ein künstliches Steigern der Preise also auf keine Weise zu rechtfertigen.

Aber wenn schon jetzt von allen Seiten solche Zuschüsse verlangt werden, um das Leben auf einem erträglichen Fuß erhalten zu können, wie kann es sich da rechtfertigen, daß Klage erhoben wird, weil die Preise durchgehends zu niedrig, mit anderen Worten das Leben zu wohlfeil sei? Wie kann es gerechtfertigt sein, daß das jetzt schon bestehende Uebel noch vermehrt werde, indem die Preise künstlich durch Geldveränderungen erhöht würden, und daß die dadurch nothwendig werdenden neuen Zuschüsse abermals von den Steuerpflichtigen bestritten werden müßten, die auf diese Weise doppelt getroffen würden, weil sie von ihren Geldeinnahmen für sich weniger übrig behielten und für dieses Wenigere wegen der Erhöhung der Preise auch noch weniger anschaffen könnten als früher? Dies alles sind offenbare, thatsächliche Verhältnisse, welche mit der Klage wegen der Niedrigkeit der Preise im schreiendsten Widerspruch stehen und darauf hindeuten, daß die Dinge sich nicht so verhalten können, wie sie von den Beschwerdeführern gegen die Goldwährung geschildert werden.

In Wahrheit aber neben dem Sinken auch ein ausgedehntes Steigen der Preise in der Gegenwart zu konstatieren.

In Wirklichkeit verhält es sich nämlich folgendermaßen.

Einmal trifft es nicht zu, daß die Preise aller Dinge sich in den letzten Jahrzehnten herabgemindert haben. Bekanntlich sind vor allem die Preise der persönlichen Leistungen, sowohl die gewöhnlichen Arbeitslöhne als die für höhere Thätigkeiten, zum Teil sehr bedeutend gestiegen. Unter den Klagen der Agrarier spielt gerade die wegen

Steigerung der Löhne auf dem Lande bei herabgehenden Getreidepreisen eine hervorragende Rolle, wie in anderer Form die Klage wegen des Abflusses der Arbeiter beiderlei Geschlechts vom platten Lande in die Stadt und in die Industriegegenden ja gleichbedeutend ist mit einer Klage wegen Steigens der Löhne. Auch die Preise der städtischen Grundstücke und infolgedessen der Mieten sind bekanntlich bedeutend in die Höhe gegangen, wie dies die unabwendbare Folge der Lohnsteigerung bei allen denjenigen Gegenständen ist, die durch menschliche Arbeit auf eine Weise hergestellt werden, bei welcher dieselbe nicht durch verbesserte Maschinen verringert und ersetzt werden kann. Man erinnere sich der mehrmals in Reichstagsreden vom Fürsten Bismarck gethanen Aeußerungen, in welchen er schildert, wie die indirekte Besteuerung der Lebensmittel von den Arbeitern auf die bemittelten Klassen abgewälzt würde, und wie beispielsweise ein Paar Stiefel ihn jetzt beinahe doppelt so viel koste als ehemals.

Dazu kommt die durchgängige Verbesserung der Lebenshaltung in allen Volksschichten.

Zum andern ist aber allerdings auch festzuhalten, daß die Lebenshaltung sämmtlicher Klassen, zunächst in größeren und kleineren Städten, aber auch auf dem Lande, besonders in den wohlhabenderen Teilen Deutschlands, eine bedeutend bessere geworden ist, als dies vor einem Menschenalter der Fall war Die Bedürfnisse sind gestiegen, eine Art von Luxus hat sich auch in breiten Schichten der Bevölkerung eingebürgert, welche dergleichen früher nicht kannten. Man denke z. B. nur an die Massen von lokalen Tages- und Wochenblättern mit und ohne Illustrationen, welche in den kleinsten Marktflecken, ja in zahlreichen Dörfern an Ort und Stelle gedruckt erscheinen, und werfe einen Blick in die Geschäfts- nnd Vergnügungsanzeigen, welche dieselben enthalten. Vor mir liegt ein solches zweimal wöchentlich erscheinendes Blatt aus einer Ortschaft der

Rheingegend, welche 2800 Einwohner zählt. Die Nummer vom 29. April, also weit entfernt von der Weihnachts- und Neujahrszeit, in welcher die Kauflust des Publikums aller Klassen am lebhaftesten ist, hat Inserate in dem Umfang von acht enggedruckten Quartseiten, darunter einen großen Teil von solchen, die Kleider, Parfümerien, Möbel, Putzwaren, Damenhüte, Stickereien, Seidenstoffe, Sonnenschirme, künstliche Zähne und Zahnarztdienste, Korsetten, Tapeten, Pianinos und Leckerbissen des In- und Auslandes dem ländlichen Publikum anpreisen. Wer ein halbes Jahrhundert zurückdenken und sich die damaligen Zustände derselben Oertlichkeit vergegenwärtigen kann, wird gewiß zugeben, daß hier eine Verfeinerung der Lebensansprüche eingetreten ist, welche zu jener Zeit noch nicht einmal in mittleren Städten geahnt wurde.

Gesamtresultat: Das Leben ist teurer aber auch besser geworden. Nur die Preise der Massenartikel sind gesunken.

Es ist auch gar kein Wunder, daß ein halbes Jahrhundert fabelhafter Entdeckungen und Verbesserungen des Verkehrs und der Industrie zu einem solchen Ergebnis geführt hat. Denn von den geringen Zahlen, von den wenigen Prozenten der Bevölkerung, aus welchen sich die Reichen und der Mittelstand zusammensetzen, können die Erzeugnisse dieser ins Riesenhafte vermehrten Produktion und Bewegung nicht aufgenommen werden. Das kann nur geschehen durch die Beteiligung der Massen im weitesten Umfange. Gerade auch hierin besteht der Segen dieses Fortschritts in materieller wie in geistiger Richtung. Alle diese Luxusbedürfnisse, wenn man bessere Lebensführung mit Unrecht so bezeichnen will, bedingen und erzeugen einen höheren Stand körperlicher und geistiger Wohlfahrt. Ihnen entspricht die allgemeine in dem Haushalte jedes Staates, jeder Gemeinde und jeder Familie anerkannte Thatsache, daß, wie man sich ausdrückt, das Leben teurer geworden ist. Wenn auch gegen die letzten zwei Jahrzehnte, nicht gegen frühere, gewisse Preise in den Massenartikeln herabgegangen sind, so ist der Gesamtpreis des verbesserten Lebens ein höherer geworden; und gerade weil das Leben eine Verbesserung erfahren hat wäre es falsch, ihr dadurch entgegenzuwirken, daß man auch die Massenpreise zu steigern und dadurch die Gesamtverbesserung wieder herabzudrücken suchte. Am Schlusse einer Abhandlung, welche im März 1890 der verstorbene Soetbeer über den Gang der Warenpreise in den Conrad'schen Jahrbüchern für Nationalökonomie und Statistik veröffentlichte, kommt derselbe zu folgender Gesamtbetrachtung: „Auch unsere Zusammenstellungen können deshalb nicht mehr gelten als ein Versuch, für die Beurteilung der wesentlichen Veränderungen im Niveau der Warenpreise im Großen und Ganzen einen gewissen Anhalt zu liefern. Noch weniger erheben die positiven Ermittelungen und die darnach berechneten Verhältniszahlen über das Niveau der allgemeinen Warenpreise den Anspruch, die andere angedeutete weitere Aufgabe zu lösen, nämlich die Veränderungen der allgemeinen Kaufkraft des Geldes genau zu bestimmen. Denn diese wird nur zum Theil durch die Warenpreise bedingt. Im vollen Widerspruch zu den Klagen des Handelsstandes und der Mehrzahl der Produzenten über das Sinken der Preise und Wertsteigerung des Geldes stehen die Klagen aus fast allen Bevölkerungsklassen über Teurerwerden des Lebensunterhaltes und Wertverringerung des Geldes. Ist das Niveau der Warenpreise niedriger geworden, so hat sich anderseits das Niveau der Preise für Dienstleistungen jeder Art — Arbeitslöhne und Honorare —, der Wohnungsmieten u. a. in den letzten Jahrzehnten beträchtlich höher gestellt. Einen bestimmten genaueren Maßstab für diese Veränderungen im allgemeinen festzustellen erscheint noch schwieriger als in Bezug auf das Niveau der Warenpreise, und man wird sich also hierbei noch mehr mit Versuchen ungefährer und partieller Schätzungen begnügen müssen."

Die Bestrebungen der Bimetallisten, die Preise in einzelnen Produktionszweigen (Landwirtschaft) zu steigern

In der That richten sich auch die erwähnten Bestrebungen nicht dahin, alles gleichmäßig zu steigern, weil augenfällig die dadurch gesteigerten Entbehrungen allen zum Nachteile gereichen würden; vielmehr geht das Trachten dahin, einzelnen Produktionszweigen größere Preise zu verschaffen, ohne daß die Preise der übrigen Dinge berührt würden. Dies gilt namentlich vom Getreide. Als am Ende der siebziger Jahre durch eine Uebereinkunft zwischen den Vertretern der Industrie und der Landwirtschaft die hohen Zölle eingeführt wurden, suchte jeder Beteiligte seine Portion durch besondere Gunst zu erhöhen. Während nun die Industrie zur Erkenntnis gekommen ist, daß die wechselseitige Steigerung der Schutzzölle ihr durch Uebertreibung schadet, und daß namentlich die Erhöhung der Nahrungsmittelpreise ihre Konkurrenzfähigkeit im Auslande bedroht, haben die Agrarier herausgefunden, daß ihre einseitigen Vorteile bei Zollerhöhungen nicht genug gewahrt seien. Zwar haben sie in gewissen Fällen ein Interesse auch an der Möglichkeit der Ausfuhr der Landesprodukte, aber den wollen sie nicht durch allgemeine Maßregeln, die jedem zu Gute kommen, herbeiführen, sondern durch Bevorzugungen, welche ihnen für ihre besonderen Zwecke gewährt werden, wie Aufhebung des Identitätsnachweises beim Getreideexport und Staffeltarife beim inneren Transport. Sie haben eben entdeckt, daß man besondere Bedingungen für den Absatz seiner Ware haben müsse, wenn man auf Kosten seiner Mitbürger Profit machen will, und daß jede auf die Allgemeinheit ausgedehnte Regel sich wieder aufhebt. Darum begehrten sie zunächst, als die Industrie aufgehört hatte, neue Zollerhöhungen zu verlangen, deren immer höhere für das Getreide, erklärten sich, nachdem sie die höchsten Zölle in der Welt mit 5 Mark für 100 Kilo erlangt hatten, für unbefriedigt und entrüsteten sich darüber, daß die neuen Handelsverträge diesen riesenhaften Zoll um ein Geringes verminderten. Aber damit nicht zufrieden, lassen sie sich einreden, daß sie noch größeren Vorteil haben würden, wenn durch Einführung eines Geldes von geringerem Wert unter gleich hoher Benennung die Preise ihrer Produkte stiegen und sie dadurch höhere Einnahmen erzielten. Daß dies ein Irrtum ist, haben wir schon oben erwähnt. Eine solche Geldverschlechterung müßte eben mit der Zeit alle Preise gleichmäßig steigern und dadurch ebenso die jetzt daran geknüpften Hoffnungen enttäuschen, wie dies mit der allgemeinen Zollerhöhung der Fall war.

Künstliche Preissteigerung durch Verminderung des Geldwertes an sich schon verkehrt, weil sie nur vorübergehend einzelnen Klassen nützen kann.

Auch wird selbst von bimetallistischer Seite zugegeben, daß auf die Länge jede durch Vermehrung oder Verwohlfeilung des Geldmaterials herbeigeführte Preissteigerung sich wieder ausgleichen müsse, so daß schließlich alle einzelnen Preise im selben Verhältnis zu einander ständen wie vorher. Nur auf zweierlei legt man dabei Gewicht, nämlich erstens, daß kein Metall, sei es Gold oder Silber, in seinem Wert unveränderlich sei, und daß, wenn man wählen dürfe zwischen einem Metall, das die Neigung habe im Wert zu steigen, und einem solchen von entgegengesetzter Neigung, es besser sei, das Metall mit fallender Tendenz zur Münze zu bestimmen. Denn es entstehe dadurch eine steigende Bewegung in allen Preisen, und bei solchen Bewegungen machten Industrie und Handel gute Geschäfte, weil jeder, der etwas gekauft habe, um es wieder zu verkaufen, durch diese steigende Bewegung in seinem Bestreben, mehr einzunehmen als er ausgegeben, unterstützt werde. Angenommen, auch dies verhielte sich so, so ist doch sicher, daß eine Bewegung nach dieser einseitigen Richtung nicht ins Unendliche fortgehen kann, weil sie allmählich zur gänzlichen

Entwertung des Geldes führen würde. Ein Beispiel dieser Art liefern die Epochen, in welchen von gewissen Regierungen Papiergeld ausgegeben wurde, welches nach und nach so viel an Zahlkraft verlor, daß es gänzlich unbrauchbar wurde und die größten Verheerungen im Lande zur Folge hatte; so beispielsweise die Assignaten der französischen Revolution und neuerdings das Papiergeld von Argentinien. Darüber ist alle Welt einig, daß ein Metall nur dann zum Geld geeignet ist, wenn es überhaupt in seinem Wert möglichst wenig sich verändert; und eines, wie das Silber in neuerer Zeit geworden ist, dem man jetzt als Ruhm nachzusagen sucht, daß es eine fortdauernd wirkende Neigung zur Wertverminderung habe, erweist sich schon deshalb als ungeeignet zum Gelde. Uebrigens ist es auch ein Irrtum zu glauben, daß selbst vorübergehende Perioden sinkenden Geldwertes deshalb von Nutzen seien, weil an den steigenden Warenpreisen alle Welt verdiene. Das Mehr, welches bei diesem Steigen vom Käufer bezahlt werden muß, kann derselbe doch nur wieder einbringen, wenn er seinerseits das Eingekaufte wieder verkauft. Wer aber nicht Fabrikant oder Kaufmann ist, wer von Arbeitslohn oder Gehalt oder festem Einkommen lebt, der muß eben das Mehr aus seinen Mitteln drauflegen, ohne sich an anderen dafür schadlos halten zu können: an Einem muß es doch hängen bleiben. Und so verhält es sich auch und zwar auf doppelte Weise.

Auch am vorübergehenden Gewinn haben Landwirte und Arbeiter keinen Anteil.

Die Klassen der Bevölkerung, welche nicht unmittelbar als Gewerbe- oder Handeltreibende bei steigenden Preisen durch deren nach aufwärts gerichteten Gang ihren Gewinn vermehren, leiden in solchen Zeiten so lange, bis auf andere Weise durch Erhöhung des Lohnes, der Gehälter und der festen Einnahmen die endliche Ausgleichung herbeigeführt ist. Bekannt ist der Notschrei, der im 16. und

Anfang des 17. Jahrhunderts durch die Welt ging wegen der Bedrängniß, die durch die steigenden Preise erzeugt wurde. Wenn jetzt auch zum Teil bestritten wird, daß die damalige Wertverminderung des Geldes durch die Entdeckungen der reichen Silberminen Südamerikas verursacht worden sei, und für Deutschland namentlich behauptet wird, die Quelle des Uebels sei in der Geldverschlechterung mechanischer Art, als deren Urheber man die Kipper und Wipper bezeichnet, zu suchen gewesen, so ändert das an dem Grund der Erscheinung nichts. Jedenfalls war es verschlechtertes Geld, welches die Not hervorrief. Aber auch die Gewerbe- und Handelswelt, die scheinbar den einseitigen Vorteil von solchen Bewegungen auf Kosten anderer hat, kommt nicht ungestraft durch solche angebliche Gunst der Zeiten hindurch. Einmal muß die Bewegung ein Ende nehmen, und dann schlägt sie um, und, wie man sagt, den letzten beißen die Hunde. Dies ist die Geschichte jener Handelskrisen, welche auf die durch zufällige Wertverminderung des Geldes entstandenen Perioden scheinbaren Aufschwungs folgen. Als Deutschland in allzu heftiger Weise gegen die Warnung derer, welche Vorsicht predigten, die Milliarden der französischen Entschädigung an sich zog und in den Verkehr brachte, trug es durch diese falsche Behandlung sehr wesentlich zur plötzlichen Steigerung der Preise und zur Entfesselung jener Gründerperiode bei, über deren Rückschlag noch heute so lebhafte Klage geführt wird. Wenn darauf hingewiesen wird, daß die Zeiten vom Anfang der fünfziger Jahre dieses Jahrhunderts bis in die Mitte der sechziger solche großen Gedeihens in Handel und Wandel gewesen wären und als Ursache dieses Gedeihens die Zufuhr der neuentdeckten Goldquellen aus Amerika und Australien bezeichnet wird, so ist diese Auslegung eine ganz einseitige.

Die benannte Epoche war deswegen eine des Aufschwungs, weil mit derselben die erste großartige Anwendung und Entfaltung der modernen Technik im Verkehr und im Maschinenwesen überhaupt zusammen fiel. Das massenhafte Eingreifen solcher neuen Kräfte, welche der Produktion des Stoffs und seiner Bewegung dienen, verbunden mit dem durch die Politik der Handelsverträge erleichterten Austausch, erklärt in ganz anderer Weise die Zunahme des Wohlstandes und des Reichthums als die Vermehrung eines Mittels, das, wie das Gold, an sich ja weder den Stoff noch dessen Beweglichkeit in der Welt vermehren kann. Am wenigsten ist gerade die Landwirtschaft in der Lage, von vorübergehenden Steigerungen der Preise durch vorübergehendes Sinken des Geldwertes Vorteil zu ziehen. Man begreift es, daß z. B. der Baumwollspinner, welcher die Rohbaumwolle zu einem gewissen Preise eingekauft hat, einen ungewohnten Nutzen erzielt dadurch, daß in der Zeit zwischen seinem Ankauf und dem Verkauf des von ihm verarbeiteten Gespinnstes der Preis der Rohbaumwolle und somit auch der Preis des Gewebes gestiegen ist. So mag es auch gehen mit dem Kaffeehändler, der eine Ladung von jenseits des Meeres unterwegs hat in der Periode des Steigens, so auch mit dem Aktionär an einer Eisen- oder Bleimine, der seine Aktie gekauft hat, ehe das Steigen der Eisen- oder Bleiwaren begann. Aber auf den Landwirt, namentlich den wenig bemittelten, der nicht spekulieren kann, hat diese Bewegung keine Wirkung. Er kauft ja nichts ein, sondern er produziert selber. Ein höherer Preis an sich, wenn er stetig wird, gleicht sich aus für ihn, weil er selbst für alles höhere Preise bezahlen muß. Aber die steigende Bewegung an sich, die dem Einkäufer und Wiederverkäufer in Handel und Gewerbe nur durch die Bewegung Vorteil bringt, geht an ihm gleichgültig vorüber, oder vielmehr sie schädigt ihn wie alle, die nicht einkaufen, um wieder zu verkaufen.

In der Landwirtschaft hätten von der Geldverschlechterung den Vorteil nur die Großgrundbesitzer und lediglich auf Kosten ihrer Arbeiter.

Nur aus einem Gesichtspunkte kann man rechtfertigen, daß die Landwirtschaft von einer steigenden Bewegung der Preise bis zu deren Ausgleichung nach allen Seiten hin einen Vortheil habe, nämlich aus dem Umstande, daß nach allgemeiner Beobachtung die Arbeitslöhne, und namentlich die auf dem Lande, am langsamsten nachrücken, wenn allgemeine Preissteigerungen in Folge von Geldentwertung stattfinden. Dies verhält sich so. Wenn das Geld in sich weniger wert wird, aber seinen Namen wie früher behält, so bewegt sich der Tagelohn durchaus nicht im selben Schritt wie die Preise der Waren. Er beruht meistens auf langem Herkommen und weit verbreiteter Gewohnheit, die sich an den Namen und die Bezeichnung des Geldes hält. Wenn der Arbeitslohn in einer Anzahl von Mark und Pfennigen besteht, die seit Jahren üblich war, so verändert er sich darum noch nicht schnell nach oben, weil die Preise der Waren in dem minderwertigen Gelde höher stehen. Etwas rascher geht die Ausgleichung schon in den Mittelpunkten der Industrie vor sich, wo die Aufmerksamkeit auf solche Erscheinungen leichter hingelenkt wird und die Arbeiter unter einander sich auch leichter verständigen, um höhere Löhne zu erzielen. Dennoch wissen auch die Arbeiter der Industrie sehr wohl, daß Wertverminderungen des Geldes ihnen lange nicht so rasch zu besseren Löhnen verhelfen als den Unternehmern und Kaufleuten zu besseren Preisen und haben deshalb von jeher mit Recht gegen die Bestrebungen der Geldverschlechterung Partei ergriffen. Der kleine Landwirt vollends, der wenig oder gar keine Tagelöhner hält und nur selbst mit seiner Familie arbeitet, hat nur den Nachteil von Geldverschlechterungen wie von Zollerhöhungen, während umgekehrt die Großgrundbesitzer, die zahlreiche Arbeiter beschäftigen, von der Entwertung des für die Arbeit gezahlten Geldes während der steigenden Periode einseitigen Vorteil haben wie von den Zöllen.

Der hier beleuchtete Zusammenhang der Dinge wird auch in einer gewissen Weise von den Anhängern der Silberwährung stillschweigend zugestanden in einer Art von Beweisführung, mittelst welcher sie noch auf anderem Wege der Landwirtschaft den Glauben beizubringen suchen, daß sie unter der deutschen Goldwährung leide; und zwar ist dies gerade diejenige Art der Ueberredung, von der am meisten Gebrauch gemacht wird. Man sagt nämlich dem deutschen Landwirt, die Länder mit Silbergeld, welches so viel weniger wert sei als Gold, könnten deshalb ihn bequem unterbieten, weil die Herstellungspreise der landwirtschaftlichen Erzeugnisse sich in jenen Silberländern nicht verändert hätten, obgleich der Marktpreis des Silbers in Europa so stark gesunken sei. Damit bekräftigt man doch das Ergebnis der Beobachtung, zu welcher wir oben gekommen sind. Denn mit anderen Worten sagt man, der Preis der Arbeit sei in jenen Silberländern nicht gestiegen, obwohl das Geld an Wert so viel verloren habe. Es ist doch wesentlich der Lohn, welcher in den dabei in Betracht gekommenen Ländern als zurückgeblieben gegen die Länder mit Goldzahlung hier ausschlaggebend sein müßte. Denn vom Steigen oder Fallen des Grund und Bodens in den Ländern des minderwertigen Geldes (Indien und Rußland) hören wir bei dieser ganzen Beweisführung nicht reden, und da zum Ueberfluß auch immer angeführt wird, — ob mit Recht oder Unrecht, bleibe dahingestellt, — daß die Güterpreise in Deutschland zurückgegangen seien, so kann derjenige Teil der Preisbildung, welcher aus Grund und Boden abgeleitet wird, hier nicht mitspielen: es blieben also nur die Löhne als das Entscheidende zurück. Wenn demnach hier von den Anhängern des Silbers als ausgemacht angenommen wird, daß mit dem Niedergang desselben die Arbeitslöhne nicht gestiegen seien da, wo mit Silber bezahlt wird,

Die angebliche Unterbietung der deutschen landwirtschaftlichen Produkte durch die Länder mit minderwärtigem Silbergeld.

so liefern sie damit selbst den Beweis, daß die Arbeitslöhne am längsten unverändert bleiben, wenn der Geldwert sinkt, daß also die Masse der Lohnarbeiter und namentlich der ländlichen am meisten geschädigt wird, wenn der Geldwert sich verringert.

Spezieller Hinweis auf Rußland. Dieses aber hat gar keine Silber- sondern Papierwährung. Das Schwanken des Rubelkurses unabhängig vom Preisgang des Silbers. Absurde Consequenzen der bimetallistischen Forderungen. Ihre Widerlegung durch Thatsachen.

Betrachten wir nun aber einmal des Näheren, wie sich der angebliche Preisdruck auf das Getreide für Deutschland dadurch vollziehen soll, daß in bestimmten Ländern ein minderwertiges Geld in Umlauf ist. Hier kommen nur zwei Länder in Betracht, Rußland und Ostindien. Alle anderen großen Produktionsländer, die uns Getreide schicken, haben die Goldwährung, namentlich Nordamerika und Australien. Denn wenn in Nordamerika auch große Mengen von Silber im Staatsschatze liegen und in Form von Silberzertifikaten im Verkehr sind, so ist unbestrittenermaßen doch allein der Goldwert des Dollars der Maßstab für alle Berechnungen und darnach preisbestimmend. Was nun Rußland betrifft, so kann unbedingt dieses nicht als ein Land der Silber- oder der Doppelwährung bezeichnet werden. Der Preis des Silbers hat auf den russischen Rubel nicht den geringsten Einfluß, er kann überhaupt auf den Wert des Geldes nur Einfluß haben, wo freie Silberprägung besteht. Schon wo Silber nur von der Regierung ausgeprägt werden kann, richtet sich der Wert des Geldes nicht nach dem Werte des Silbers. Um so weniger geschieht das da, wo die Regierung überhaupt seit Jahr und Tag aufgehört hat, von ihrem eigenen Prägungsrechte für das Silber Gebrauch zu machen. So war es in Oesterreich, seitdem dort die Regierung ihre Prägungsanstalten dem freien Verkehr geschlossen hatte, so ist es in den Ländern des lateinischen Münzbundes und in Deutschland, obwohl in allen diesen Ländern in verschiedenen Quantitäten noch Silbergeld in Umlauf ist. Um wie viel mehr gilt dies für Rußland, wo das vor Jahren geprägte Silbergeld auch im Verkehr gar nicht zu sehen ist. Hier haben wir es einzig und allein mit einem uneinlösbaren Staatspapiergeld zu thun, das massenhaft vermehrt worden ist, weil der Staat nicht Metallgeld genug aufbringen konnte, um seine laufenden Bedürfnisse und seine Schulden zu bezahlen. Der Papierrubel schwankt in seinem Zahlungswert nach Innen und nach Außen unabhängig von dem Preisgang des Goldes oder des Silbers je nach Umständen, die von den Bewegungen des Edelmetallmarktes total unabhängig sind; und wenn heute ein internationaler Doppelwährungsvertrag zwischen allen westeuropäischen Staaten und Amerika mit oder ohne England zu Stande käme, so würde darum der Rubel nicht aufhören, mehr- oder minderwertig hin und her zu schwanken, je nachdem die russische Regierung mit ihrem Papiergeld glücklicher oder unglücklicher operirte oder die Handelskonjunkturen günstiger oder ungünstiger für Rußland ständen. Angenommen also, es wäre wahr, was entschieden verneint werden muß, daß wegen des Umlaufs eines minderwertigen Geldes in einem fremden Lande Deutschland die Verschlechterung seines eigenen Geldes in Betracht zu ziehen hätte, so würde gefolgert werden müssen, Deutschland hätte sich ein Geld zuzulegen, dessen Wert in fortlaufender Uebereinstimmung mit dem jenes fremden Landes sich bewegte. Im gegebenen Fall müßte Deutschland nicht nur uneinlösbares Papiergeld machen, sondern auch alle Operationen, welche die russische Regierung mit ihrem Papiergeld vornähme, in gleichem Schritt und Tritt befolgen. Daß dies zu einem Unsinn führt, liegt auf der Hand. Es ist überhaupt einer der verrücktesten Gedanken, welche die Doppelwährungs-Agitation ans Licht gefördert hat, daß ein Land nicht darauf bedacht sein müsse, eine sichere, vollwertige Münze zu haben, sondern umgekehrt vor allem zu sorgen habe, eine ebenso schlechte zu besitzen, als irgend ein Land, mit dem es in Handelsverbindungen steht. Und dennoch ist dies die Quintessenz der Behauptungen, mit welchen jetzt die Anhänger der Doppelwährung am meisten operiren. Bald behaupten sie, die Ausfuhr unserer Fabrikate leide dadurch, daß das minderwertige Geld gewisser Länder, nach denen wir exportieren, unzulängliche Preise für die Waren biete, bald, wie im Fall von Rußland, daß das minderwertige Geld eine unerträgliche Konkurrenz der Einfuhr begünstige. Wenn sich das alles so verhielte, so bliebe nichts übrig, als sich nach allen Seiten hin in die Konkurrenz um die Herstellung eines schlechten Geldes zu begeben. Während es, so lange eine Kultur besteht, als die Aufgabe eines Staates angesehen wurde, ein möglichst gutes und vollwertiges Geld zu haben, würde das Gegenteil jetzt als höchste Staatsweisheit ausgegeben. Thatsächlich stimmen auch die Erlebnisse beispielsweise der letzten Jahre gar nicht mit den Angaben überein, welche diese vermeintlichen Mißstände auf die internationalen Geldverhältnisse zurückführen. Es ist oben schon daran erinnert worden, wie die Getreidepreise in Folge der schlechten Ernten gestiegen sind, ohne daß der Kurs des Rubels im Einklang damit sich bewegt hätte, und die Klagen der Landwirte, als deren Ursache man die Entwertung des Papierrubels hinstellt, haben nicht aufgehört, selbst als Rußland die eigene Ausfuhr verbot. Früher erhoben sich dieselben Klagen auch gegen die österreichische Einfuhr wegen des österreichischen Papiergeldes, und die Klagen wegen der österreichischen Konkurrenz sind nicht verstummt, obwohl seit langen Jahren das österreichische Papiergeld in Folge einer weisen Einschränkung der Regierung vor Entwertung oder großen Schwankungen bewahrt blieb und schließlich durch die in Oesterreich angebahnte Münzreform auf einen dem Golde für die Zukunft gleichen oder annähernd gleichen Wert gebracht werden soll.

Spezieller Hinweis auf Ostindien. Seine große Konkurrenzfähigkeit im Weizenimport nicht durch seine Valuta sondern durch besondere Konjunkturen der Handelswelt bedingt. Allgemeine wirtschaftliche Gesetze, die dabei in Betracht kommen.

Das einzige Land, von dem man mit einem Schein von Recht behaupten könnte, daß vermöge seiner Silberwährung ihm die Getreideausfuhr nach anderen Ländern erleichtert werde, ist Ostindien. Wir haben schon erwähnt, daß die direkte Einfuhr ostindischen Weizens nach Deutschland verhältnißmäßig klein ist. Dagegen wird eingewandt, nichtsdestoweniger sei die Wirkung der Konkurrenz indischen Weizens sehr bedeutend, weil dies Getreide auf dem Weltmarkte hauptsächlich nach England komme und der Preisdruck, den es daselbst ausübe, auch auf die deutschen Preise wirke. Beiläufig gesagt, kann dies alles nur gelten von der Getreidesorte Weizen, da Indien keinen Roggen baut, welcher eine so große Rolle in dem Getreideverbrauch und Import Deutschlands spielt. Doch soll nicht geleugnet werden, daß der Preis des Roggens selbst auch mit vom Preis des Weizens abhängt und dadurch mittelbar unter dem Einfluß der Ausfuhr aus Ostindien steht. Wenn nun auch der indische Weizen einen namhaften Anteil an der Getreidezufuhr Englands hat, so überwiegt doch in hohem Maße die Zufuhr dieser Ware aus anderen Ländern.*) Man kann darüber streiten, in welchem Verhältnis die heimischen indischen Preise den gesamten Durchschnittspreis der von allen anderen Seiten zufließenden gleichen Waren herabdrücken. Eine volkswirtschaftliche Auffassung, welche viel für sich hat, behauptet, daß in einem solchen Falle nicht das wohlfeilst produzierende Land, sondern das

*) Der gesamte Getreideexport nach England betrug im Jahre 1892 65 Millionen Centner in Form von Getreide und 22 Millionen Centner in Form von Mehl. Der indische Weizen war daran nur mit $12^1/_2$ Millionen Centner beteiligt.

teuerst produzierende den Weltmarktpreis bestimme. Denn wenn das wohlfeilst produzierende Land nicht allein so viel aufbrächte, daß es beispielsweise den Bedarf Englands allein befriedigen könnte, wenn also noch die Produkte anderer Länder von diesem Bedarf in Anspruch genommen werden müßten, so könnten dieselben doch nur dadurch herangezogen werden, daß man den Preis dieser anderen Länder zahlte, wie er sich aus den Herstellungsbedingungen und eigenen Landespreisen derselben herausstellte; sonst würden sie nicht im Stande sein und gewiß nicht auf die Dauer im Stande sein, ihre Produkte abzugeben. Wenn das Bedürfnis nach einer Ware derart wächst, daß die Versorgung mit derselben sich nach weiteren Hilfsquellen umsehen muß, so geschieht dies ganz natürlich dadurch, daß man sich entschließt, sich auch an solche Abgeber zu wenden, welche sich mit den Preisen des am wohlfeilsten liefernden Landes nicht begnügen können. Der Gang der ganzen Kultur geht dahin, daß bei zunehmendem Bedürfnis nach einer Ware nicht diejenigen Produzenten, welche das Mehr liefern, mit den Preisen sich begnügen müssen, welche für das Weniger galten, sondern daß die, welche im Stande waren, zu niedrigeren Bedingungen zu liefern, durch das Heranziehen der teuereren Ware höhere Preise erzielen. Um bei dem Gegenstande unserer obigen Betrachtung zu bleiben: wenn beispielsweise heute durch Einführung der freien Silberprägung in der ganzen Welt denkbarerweise eine große Nachfrage nach Silber entstünde und dadurch die Preise des Silbers stiegen, so würde doch offenbar manches Silberbergwerk in seinem Betrieb ausgedehnt oder in Angriff genommen werden, dem die bisherigen Silberpreise nicht genügt hatten, und diejenigen Bergwerke, welche bis jetzt so billig arbeiten konnten, daß die niederen Preise ihnen lohnten, würden ihren Gewinn vermehren. Ganz ebenso muß es sich verhalten, wenn die

Ausfuhr des wohlfeilen Weizen produzierenden Indiens nicht für die Sättigung Europas genügt, sondern die höheren Weizenpreise des nach Gold rechnenden Amerikas herangezogen werden. Der Vorteil kommt dann Indien zu Statten, denn mit Schaden wird Amerika auf die Länge nicht verkaufen können und wollen. Man kann die Frage aufwerfen, ob dieser Vorteil dem armen Inder zufällt, der das Feld bebaut, oder dem indischen Kaufmann, der das Getreide sammelt, oder dem europäischen Händler, der es vom indischen Kaufmann erwirbt. Das ist für den Preis, der in Europa erzielt wird, gleichgiltig. Nur so viel ist gewiß, daß die europäischen Kaufleute und wohl auch die großen indischen Vermittler zwischen dem Landbau und dem Exporthändler nicht einer dem andren einen ungewöhnlich großen Vorteil überlassen, daß sie sich vielmehr gegenseitig hinaufbieten werden, bis ihr Gewinn auf das Maß des landesüblichen Nutzens hinabgedrückt ist, und daß schließlich dadurch auch die ganze Wohlfeilheit, auf die man sich hier beruft, im Lauf der Zeit verschwinden muß. Doch selbst wenn diese Erwägungen rechnungsweise nicht buchstäblich überall in voller Kraft praktisch eingreifen sollten, so bleibt jedenfalls richtig, daß die Herstellungskosten des indischen Weizens allein im äußersten Fall nur einen mitwirkenden Einfluß, aber nicht einen alleinbeherrschenden auf den Weltmarktpreis ausüben können. Dabei sehen wir ganz davon ab, daß im Streit um diese Fragen auf eine Reihe von anderen Umständen hingewiesen wird, welche erklären, daß durch ganz andere Ursachen als das Silbergeld die Preise des indischen Weizens herabgegangen sind, wie beispielsweise durch die Erschließung des Landes mit weit gestreckten und verzweigten Eisenbahnen und die gewaltige Herabsetzung der Schiffsfrachten zwischen Asien und Europa. Auch ist in den letzten Reichstagsverhandlungen nach-

5*

gewiesen worden, daß die Preise des Weizens, dessen Ausfuhr übrigens quantitativ in den verschiedenen Jahren sehr verschieden ist, sich durchaus nicht mit denen des Silbers parallel bewegt haben. Natürlich lassen wir bei dieser ganzen Untersuchung außer Betracht, inwiefern es ein Glück ist, daß Ostindiens Zufuhr für die Ernährung Europas mitsorgt. Was wäre in dem Mißjahre 1891, wo trotz der indischen Zufuhren eine so krasse Teuerung des Brotes in Deutschland erlebt wurde, aus der Volksernährung geworden, wenn nicht die Zufuhr aus fremden Ländern zu Hilfe gekommen wäre? Und ist es nicht gerade der größte Ruhm der modernen Verkehrswelt, daß Dank diesen Verbindungen Hungersnöte, wie sie frühere Jahrhunderte auch in Europa kannten, jetzt ausgeschlossen sind?

Nutzlosigkeit jedes Versuches, die Konkurrenz Ostindiens durch Einführung der Silberwährung zu beseitigen.

Bei allen Berechnungen übrigens, welche im bimetallistischen Sinne angestellt werden, um zu beweisen, daß der Unterschied zwischen den minderwertigen Silberpreisen und den höherwertigen Goldpreisen die Ausfuhr aus Indien nach Europa begünstige, und daß diese Wirkung aufgehoben würde, wenn Europa auch ein minderwertiges Geld, also Silbergeld, wie Indien, einführte, lassen die Verteidiger dieser Ansicht außer Acht, daß sie dabei nur auf die eine Hälfte der Gründe, mit denen sie ihre Ansicht verteidigen, Bezug nehmen. Sie legen nämlich den größten Nachdruck darauf, daß die Einführung der Silbermünzen in Europa die Preise der Dinge und gerade des Getreides steigern werde. Damit heben sie aber gerade wieder auf, was sie erzielen wollten. Wenn der indische Produzent oder Händler dadurch besseres Spiel hätte, daß ein großer Preisabstand zwischen seinen Produktions- oder Anschaffungskosten ihm die Konkurrenz auf dem europäischen Markt erleichterte, so wird zwar nach jener Behauptung der Herstellungs- oder Anschaffungspreis für ihn verteuert, wenn das Silbergeld, das er an Lohn oder Warenpreis dafür bezahlen muß, teurer wird; aber er erhält sofort eine Ausgleichung dafür, indem nach derselben Behauptung die Preise in Europa steigen müssen. Was er also auf der einen Seite verliert, gewinnt er auf der anderen Seite wieder, und die Wirkung bliebe, selbst wenn die Bimetallisten Recht hätten, genau die nämliche wie vorher.*)

Indirekter Nachweis dafür: Der Niedergang der deutschen Schafzucht infolge der Konkurrenz reiner Goldwährungsländer.

Wie trügerisch übrigens alle die Beweisführungen sind, welche gewissen Erscheinungen unbewiesene Ursachen zu Grunde legen, läßt sich an einem bestimmten Artikel aufs treffendste zeigen. Die Getreidepreise sind, wie die Preistabellen der letzten Jahrzehnte auf den ersten Blick erkennen lassen, durchaus nicht stetig zurückgegangen, sondern haben je nach den Ernteergebnissen der Jahre und Länder geschwankt. Dagegen steht eines fest: der Preis der Schafwolle ist in Europa in sehr starkem Rückgang begriffen, und der Bestand an Schafen hat ebenso fortwährend abgenommen. Die Konkurrenz der überseeischen Länder hat diesen Zweig der Landwirtschaft überall namhaft herabgedrückt, und bekannt sind die immer von neuem wieder genommenen Anläufe der deutschen Schafzüchter, einen Zoll auf rohe Schafwolle herbeizuführen, welche jedoch glücklicherweise bis jetzt immer an den hohen Interessen, welche unsere mächtige Wollwarenindustrie hat, gescheitert sind. Käme die Wolle aus Rußland oder Indien nach Europa, so würde gewiß kein Bimetallist den leisesten Zweifel aufkommen lassen, daß diese Konkurrenz nur durch die Verschiedenheit der Währung ermöglicht und daß es schon deshalb geboten sei, die Silberwährung einzuführen. Nun steht es aber glücklicherweise fest, daß die zwei reinsten Goldländer der Welt, nämlich Kapland und Australien, in erster Reihe Produzenten für Schafwolle sind und besonders ihnen auch der Preisniedergang zugeschrieben werden muß, der

*) Siehe hier ganz besonders den Nachtrag.

wie alle anhaltenden und namhaften Preisverminderungen von erleichterter und vermehrter Produktion herrührt.*) Ein anderer Beleg für einen Preisniedergang, bei dem von einer Einwirkung verschiedener Geldarten nicht die Rede sein kann, ist der der Schiffsfrachten. Gerade der Preis des Transports zur See aus Asien nach Europa ist fortwährend, und in den letzten Zeiten wieder in unerhörter Weise, zurückgegangen. Die Schiffe jedoch werden in Europa gebaut und die Frachten in Europa bezahlt. Hier liegt am klarsten ein Fall vor, der zeigt, daß die Dinge aus sich selbst heraus den Urbedingungen ihrer Produktion und des Angebots entsprechend wohlfeiler werden und daß alle künstlichen Versuche, die Erscheinungen aus anderen Gründen abzuleiten, auf Willkür und Phantasie beruhen.

Die Vorschläge der Bimetallisten zur Beseitigung der Goldwährung: Prägefreiheit für Silber und Festsetzung einer Wertrelation zum Golde.

Nachdem wir bisher gezeigt haben, daß die Uebel, welche man aus den Währungsverhältnissen ableitet, entweder nicht existieren oder nicht auf den angegebenen Ursachen beruhen, wollen wir einen Augenblick dies alles außer Acht lassen und uns mit der anderen Frage befassen: was vorgeschlagen wird, um die angebliche Ursache, nämlich das Herrschen der Goldwährung, zu beseitigen und durch Einführung der sogenannten Doppelwährung zu ersetzen. Das Silber allein an Stelle des Goldes zu setzen, schlägt niemand vor, ein solcher Gedanke braucht auch daher nicht widerlegt zu werden. Demnach bleibt nur der Vorschlag, daß das Silber in ganz gleicher Weise wie in den Kulturstaaten jetzt das Gold wieder als Münze aufgenommen werde; gleicher Weise heißt hier so viel als mit freier Prägung des Silbers zu einem Gelde, welches in jedem beliebigen Betrage in Zahlung genommen werden muß. Silbergeld an sich existiert ja bekanntlich sowohl in Nordamerika als

*) Auch das stark Wolle exportierende Zentral- und Südamerika rechnet nur nach Gold oder Papiergeld.

in den Staaten des westlichen Europa's und zwar auch solches, welches für jede Summe als gesetzliche Zahlung genommen werden muß (Courantmünze.) Nur darin unterscheidet sich der Silberthaler, das silberne Fünffrankenstück, das silberne Guldenstück und der Silberdollar von den neben ihnen umlaufenden Goldmünzen, daß die letzteren nach Belieben von jedem Privatmann durch Einreichung von Gold bei den Prägeanstalten des Staates vermehrt werden können, während diese Freiheit für das Silber nirgends existiert. Gleichstellung des Silbers mit dem Gold ist also gleichbedeutend mit Einräumung derselben Prägefreiheit für Silber, welche jetzt für Gold existiert. Dies ist der ganze Kern der Frage, und daran reiht sich die andere, wie viel Geld soll aus einem bestimmten Gewicht Silber geprägt werden können und wie viel aus demselben Gewicht Gold. Diese sogenannte Wertrelation ist unzertrennlich von jener ersten Frage der Prägefreiheit.

Die Relation von 1 : 15½. Irrtümliche Berufung der Bimetallisten welche diese Relation vorschlagen, auf die französische Gesetzgebung.

Eine solche Relation mit solcher Freiheit bestand lange Zeit hindurch in vielen Ländern, und am meisten dafür bekannt ist Frankreich, auf dessen Gesetze und Vorbild man hinweist, wenn man den hier beschriebenen Zustand, nachdem er dort seit 20 Jahren zu bestehen aufgehört hat, wieder einführen will. Die erwähnte Wertrelation war daselbst bekanntlich 1 : 15½, d. h. dasselbe Gewicht an Silber, aus dem 1 Frank Silber geprägt wurde, ergab in Gold 15½ Franken. Nun ist es zwar ein Irrtum, daß die französische Gesetzgebung des Jahres 1803, welche dieses Verhältnis zu Grunde gelegt hatte, vom dem Gedanken ausgegangen wäre, die Festsetzung einer solchen Relation für alle Zeiten durch das Gesetz vorzuschreiben. Thatsächlich hat dieses Gesetz in Frankreich die Silberwährung eingeführt und nur dafür eine auf alle Zeit geltende Vorschrift erlassen, daß 5 Gramm in Silber von einer gewissen

Feinheit ($^{9}/_{10}$) gleich einem Franken sein sollen. Wenn daneben die Prägefreiheit für Gold gegeben und dafür das Verhältnis von $15^{1}/_{2}$ vorgeschrieben wurde, so geschah dies ausdrücklich nur mit der Begründung, daß zur Zeit, wo das Gesetz erlassen wurde, thatsächlich dieses Verhältnis den Preis der beiden Metalle auf dem Weltmarkte wiederspiegelte, und mit der Maßgabe, daß bei etwaigen späteren Veränderungen das Goldgewicht der Münzen in einem der Veränderung entsprechenden Sinne ebenfalls abgeändert werden sollte. Aus diesem unbestreitbaren Text des französischen Grundgesetzes geht zweierlei hervor: erstens wollte dasselbe nur die Silberwährung der Hauptsache nach und die Goldwährung, wie es den damaligen Gewohnheiten des Geldverkehrs entsprach, als Ergänzung der Metallmünze hinstellen, und zweitens lag dem Gesetzgeber der Gedanke ganz fern, daß er durch seine Festsetzung im Stande sei, ein anderes Verhältnis auf die Dauer vorzuschreiben, als das, welches auf dem freien Metallmarkte sich mit der Zeit herausstellen würde. Die ganze Theorie, welche man neuerer Zeit ersann, daß der Gesetzgeber, indem er ein festes Verhältnis in der Ausmünzung beider Metalle bestimme, im Stande sei, ein solches Verhältnis zu erzeugen, oder, was das Gleiche ist, wirkungskräftig festzuhalten, ist erst nachträglich ausgedacht worden und lag dem französischen Gesetzgeber fern.

Ebenso irrtümliche Berufung auf die Gründung des lateinischen Münzbundes. Ueberschätzung der legislativen Einwirkung, die sich hier zeigte.

Auch für ein späteres Stadium, dem man ähnliche Absichten unterschiebt, gilt das Gleiche. Von bimetallistischer Seite wird jetzt immer als etwas Selbstverständliches hingeworfen, daß der Münzbund der lateinischen Staaten zu dem Zweck geschlossen worden sei, um das Verhältnis der beiden Metalle dadurch für immer festzulegen. Als Ende des Jahres 1865 dieser Bund geschlossen wurde, dachte man nicht im geringsten an eine solche Absicht. Die Gefahr einer Entwertung des Silbers schwebte dabei nicht einmal im Hintergrund; im Gegenteil bestand hie und da die Besorgnis, daß das Silber im Verhältnis zum Gold teurer werden könnte, weshalb auch dafür Sorge getragen wurde, daß die Scheidemünze durch einen stärkeren Zusatz von Kupfer vor dem Einschmelzen bewahrt bliebe. Die ganze Absicht ging einzig und allein dahin, ein gemeinsames Gebiet des Umlaufs gleichartiger Münzen herzustellen. An die Sicherung eines Verhältnisses zwischen Gold und Silber dachte niemand; weder fühlte man das Bedürfnis, noch dachte man an die Zweckmäßigkeit eines solchen Mittels. Die ganze Theorie von der Widerstandskraft eines Wertverhältnisses, das auf staatlicher Uebereinkunft beruhe, ist eine nachträgliche Erfindung des von dem französierten Italiener Cernuschi verkündeten „Bimetallismus", und sie beruht auf dem krassen Irrtum, daß die Gewalt einer Regierung oder eines Gesetzes dem Gelde einen höheren Wert geben könne, als es vermöge des Preises besitzt, der dem dazu verwendeten Metall im freien Verkehr zugestanden wird. Ob dies durch einen Staat oder durch einen Bund von mehreren Staaten erreicht werden soll, ist in der Hauptsache gleichgültig. Ein Versuch auf breiterer Grundlage würde vielleicht etwas länger vorhalten, aber auf die Dauer würde er der Gewalt der Thatsachen weichen müssen. Noch niemals ist es einer Regierung gelungen, durch Geldverschlechterung etwas Anderes als Betrug durchzusetzen, und das Experiment, durch internationale Uebereinkunft einen solchen Betrug mit größerem Erfolg durchzuführen, würde ebensowenig auf die Länge vorhalten wie die Ringe und Syndikate, welche in unseren Tagen bald die eine bald die andere Ware, bald Kupfer, bald Baumwolle, bald Kohle oder Eisenbahnschienen durch kaufmännische Koalitionen künstlich im Preise zu steigern versucht haben.

Die französische Münzgesetzgebung.

Zur Widerlegung dieser einfachen Wahrheit behauptet man, die Geschichte der ersten siebenzig Jahre dieses Jahrhun-

Die wahre Bedeutung der Wertrelation von 1 : 15½.

derts liefere den Beweis, daß die Gesetzgebung ein solches Wunder zu verrichten im Stande sei. Dadurch, daß in Frankreich der Staat dem Silber wie dem Gold die Ausprägung zu Geld in dem bestimmten Verhältnis von 1 : 15½ gesichert, hätte er bewirkt, daß in der ganzen Welt während dieses Zeitraumes ebenfalls dasselbe Verhältnis thatsächlich in Geltung geblieben sei. Hier wird aber die Ursache mit der Wirkung verwechselt. In Wahrheit ist dieses Verhältnis, wenn auch nicht genau, doch mit geringen Schwankungen aufrecht geblieben, weil es dem thatsächlichen Stand der Preise der beiden Metalle entsprach, und nicht umgekehrt; und als das Verhältnis zusammenbrach, geschah es, nicht weil der Staat Frankreich ihm seine Anerkennung entziehen wollte, sondern er mußte ihm seine Anerkennung entziehen, weil ihm dies praktisch aufgenötigt wurde. Frankreich und der lateinische Münzbund wehrten sich thatsächlich, so lange es irgendwie möglich war, Schritt für Schritt gegen die Notwendigkeit, das thatsächlich auf dem Weltmarkt veränderte Wertverhältnis durch die Gesetzgebung anzuerkennen, aber sie mußten sich schließlich darein ergeben, um nicht heillose Verwirrung in ihrem Geldwesen anzurichten. Wenn behauptet wird, nur Dank der Gesetzgebung von 1803 bis 1873 sei das erwähnte Gleichgewicht gesichert gewesen, so ist zunächst dagegen einzuwenden, daß thatsächlich die Angabe ungenau ist. Es haben Schwankungen sich des öfteren innerhalb jenes Zeitraumes in den Grenzen von etwa 5 pCt. wiederholt, und je nach diesen Schwankungen ist das aus dem steigenden Metall gemünzte Geld abgeflossen und das andere zugeströmt, mit entsprechender Wirkung auf die Wechselkurse und die Preise; und wenn irgend ein Vorteil mit diesen abwechselnden Strömungen verbunden war, so kam er nicht dem Lande der Doppelwährung zu statten, sondern umgekehrt auf dessen

Unkosten den anderen Ländern, welche auf seinem Rücken operieren konnten. Doch dies ist nur nebensächlich. Ausschlaggebend für den ganzen Streit ist, daß vor der Gesetzgebung von 1803 und vor der Gründung des lateinischen Münzbundes von 1865 entfernt nicht die großen Schwankungen zwischen beiden Metallen zu Tage getreten sind, welche die Neuzeit erlebt hat. Bekanntlich weisen die Jahrtausende, deren Geschichte wir in Sachen der Edelmetalle und des Geldes kennen, in ihrer Gesamtheit nichts auf, was nur annähernd dem rapiden und starken Abrücken des Silberpreises von seinem früheren Goldpreise gliche, wie die in den letzten zwanzig Jahren zu Tage getretene Erscheinung. Im ganzen vorigen Jahrhundert entwickelte sich das Verhältnis ohne namhafte Schwankungen*) zu demjenigen, welches im vorletzten Jahrzehnt desselben als das unbestritten herrschende von der Gesetzgebung anerkannt wurde, und doch gab es damals weder eine Vorschrift für die freie Prägung noch viel weniger einen Münzbund der lateinischen Staaten, der die Zahlenverhältnisse festgelegt hätte. In der berühmten Denkschrift vom Jahre 1787, welche der Minister Calonne an Ludwig XVI. richtete, und worin er die Münzreform von 1785 verteidigte, legte er als Motiv zu Grunde, nachzuweisen, daß die umlaufenden Münzen ihrem Gehalte nach nicht dem herrschenden Weltmarktpreise entsprächen, und gründete seinen Vorschlag für die Neuregelung eben nach demselben Verhältnis von $15^1/_2$ zu 1 einzig und allein auf die richtige Erwägung, daß dadurch der Feingehalt des Goldes mit dem Weltmarktpreis der Edelmetalle in Uebereinstimmung gebracht werde.**) Ganz dieselben Gesichtspunkte werden auch von den Teilnehmern

*) Von 1 : $14^1/_2$ bis 1 : $15^1/_2$.

**) Mit einer auf das Festhalten des Goldes berechneten Basis.

an den späteren Beratungen über diese Materie in der ersten Republik in den Vordergrund geschoben, und, wie schon erwähnt, waren gerade die letzteren darüber so wenig im Unklaren, daß sie dem Gesetzgeber vorbehielten, bei künftigen Verschiebungen den Goldmünzen einen anderen Feingehalt zu geben. Ebenso wie Jahrhunderte lang das Verhältnis von Silber zu Gold in viel geringerem Maße schwankte als in den letzten zwanzig Jahren, obwohl es keine Spur von internationaler Doppelwährung gab, ebensowenig würde eine solche im Stande sein, das Verhältnis festzuhalten, wenn die Ursachen, welche bestimmend auf die Preisbildung wirken, zu anderen Preisen führten, als das Gesetz sie vorschreibt. Die Erfahrung der Jahrtausende hat bewiesen, daß in keiner Sache mit Gesetz oder Gewalt weniger durchzusetzen ist als in Sachen des Vertrauens zum Gelde.

Vergeblichkeit aller Versuche, den Silberpreis künstlich zu heben.

Wir haben oben gezeigt, daß die westlichen Kulturvölker sich nicht mehr des Silbers zu anderen als Nebenzwecken im Geldverkehr bedienen wollen, und daß das Zusammentreffen dieser Abneigung gerade mit einer seit den letzten Jahrzehnten verdreifachten Silberproduktion den Niedergang des Silberpreises in der natürlichsten Weise von der Welt erklärt. Dieser unvermeidlichen Wirkung durch gesetzliche Vorschriften, sei es eines einzigen, sei es mehrerer verbündeter Länder, entgegenzuwirken, wäre vergeblich. Welche Anstrengungen haben nicht die Vereinigten Staaten gemacht, um durch noch viel kräftigere Mittel als einfache Gesetzesvorschriften den Preis des Silbers hoch zu halten oder wieder in die Höhe zu bringen. Die Vereinigten Staaten mit ihren sechzig Millionen Einwohnern und ihrem enormen Reichtum stellen eine Kraft dar, die größer ist als die der vereinigten Länder des lateinischen Münzbundes. Geht auch die Einwohnerzahl der verbündeten lateinischen Staaten über die Nordamerikas hinaus, so ist die ökonomische Kraft des letzteren eine ungleich höhere, und es hat nicht durch ein Gesetz über die Prägefreiheit, sondern durch das viel wirksamer eingreifende Aufkaufen Hunderter von Millionen Silber den Preis zu halten gesucht, ohne mehr als in den Momenten der höchsten Einwirkung nur auf eine kurze Spanne Zeit den tiefsten Preissturz verhindern zu können. Wie kann man da behaupten, daß der lateinische Bund, wenn er nicht 1878 die Silberprägungen eingestellt hätte, das Wunder verrichtet haben würde, an welchem sich das kraftstrotzende Amerika vergeblich versucht hat?

Das Mißliche einer Regelung der Münzverhältnisse auf internationalem Wege. Beispiel: Der lateinische Bund.

Das Wunderbarste an der ganzen Sache liegt nebenbei darin für Deutschland, daß die Verteidiger der bestehenden Goldwährung von deren Gegnern angeklagt werden, die Vertreter kosmopolitischer Geldinteressen zu sein, während doch gerade von den Anhängern der Doppelwährung die Grundpfeiler ihres Systems auf den Unterbau internationaler Vereinbarungen gesetzt werden. Wie oft hört man nicht aus demselben agrarischen Lager, welches an die Wirkung des Völkerbundes appelliert, die gehässigsten Anspielungen auf die sogenannte goldene Internationale. Wenn aber schon von einer Internationale die Rede sein soll, so muß es doch die sein, welche ausdrücklich auf diesem Wege den Silberpreis künstlich erhöhen will, während die Verteidiger unserer Währung einzig und allein sich auf den Boden einer nationalen Verfassung für das Münzwesen stellen und dasselbe für so wichtig erklären, daß sie es den Zufällen und Gefahren von völkerrechtlichen Verträgen, gegen deren Bruch es kein Gericht giebt, nicht preisgeben wollen. Der ehemalige preußische Finanzminister von Scholz hat einmal im deutschen Reichstag den Anhängern der internationalen Doppelwährung entgegengerufen, daß die Verkettung des eigenen Münzwesens mit dem Schicksal und Belieben fremder Staaten an Landesverrat grenzen würde, und es liegt keine Uebertreibung in diesen Worten. Wer die Geschichte des lateinischen Münzbundes kennt,*) weiß, zu welchen Schwierigkeiten er geführt, welche Mißbräuche und Verletzungen er hat dulden müssen, und daß der größte und reichste dieser Staaten, Frankreich, heute nimmermehr einen solchen Vertrag schließen würde, wenn die Sache noch einmal zu thun wäre. Nur die Verlegenheit, die bei der Auflösung entstehen würde, hält die betreffenden Staaten zusammen. Dies geht ja auch deutlich daraus hervor, daß nach dem letzten im Jahre 1885 geschlossenen Abkommen der Vertrag nur auf fünf Jahre erneuert und von da an auf jährliche Kündigung gesetzt wurde, also thatsächlich ein provisorischer Zustand, der jeden Augenblick aufgehoben werden kann, als Grundlage für eine so wichtige Institution wie die Münzgesetzgebung. In der That vegetiert der Bund nur fort, weil er jegliche Bedeutung verloren hat. Wenn die einzelnen daran betheiligten Staaten einen definitiven Entschluß fassen könnten, wie sie ihr Münzwesen zu ordnen haben, so würden sie unbedenklich ihr Verhältnis kündigen und damit den Bund aus der Welt schaffen. Nur weil es ihnen selbst so schwer wird, eine Reform durchzuführen, hindert sie der Fortbestand dieses Schattenwesens nicht.

Verkehrtheit des Vergleiches internationaler Münzverträge mit Handels-, Postverträgen u. dgl.

Gegen den Einwurf der Unsicherheit, welche dadurch geschaffen würde, daß das Geldwesen eines Landes auf die Voraussetzung der Dauerhaftigkeit eines internationalen Vertrages begründet werde, kommen die Verteidiger desselben in der Regel mit der Betrachtung auf, daß dergleichen Verträge doch auch zu anderen Zwecken bestünden und niemand darin einen Grund zur Beunruhigung fände. Als solche Beispiele hört man dann den internationalen

*) Siehe mein Buch: „Die Schicksale des lateinischen Münzbundes.“ 1885.

Postvertrag, Verträge über Zolltarife, Marken- und Patentschutz u. dgl. anführen. Aber wenn je ein Vergleich gehinkt hat, so ist es hier der Fall. Ganz abgesehen davon, daß der Reiz, einen der Verträge letzterer Art zu brechen, ein viel geringerer ist, als in einer so wichtigen Sache wie das Geldwesen, so kommt hauptsächlich in Betracht, daß die Gefahr des Bruches selbst eine viel geringere ist. Nehmen wir den Weltpostvertrag. Es sind kaum Interessen denkbar, welche auch bei Verfeindung einer Nation mit der anderen sie antreiben könnten, diese Stipulierungen über Posttaxen u. dgl. zu verletzen, und wenn es geschähe, so wäre das Unglück nicht groß. Etwas ernster steht die Sache schon bei Handelsverträgen, aber doch lange nicht so ernst wie bei dem Gegenstand, der uns hier beschäftigt. Vorausgesetzt, ein Schaden aus der Doppelwährung würde nur dadurch vermieden, daß eine Gesamtheit von Staaten sich auf gleiche Weise zu ihr verpflichtete, daß aber aus irgend einem Grunde bei Ausbruch von Feindseligkeiten, oder sogar auch ohne diese, einer der contrahierenden Staaten sich versucht fühlte, den Vertrag zu brechen, so würden die nachteiligen Wirkungen sofort verheerend auf alle andern zurückfallen. Wenn wir Massen von Silber angezogen hätten, darauf zählend, daß dasselbe im festen Verhältnis von 1 : 15½ durch den Vertrag erhalten würde, so säßen wir beim Bruch des Vertrages sofort mit einem ins Unberechenbare entwerteten Silbervorrat da. Bei Handels- oder Postverträgen sind für den Fall eines Bruches solche Katastrophen nicht entfernt in Sicht. In gewissem Maße hat sogar die Erfahrung schon gezeigt, daß unfreiwillig solcher Vertragsbruch eingetreten und der Schaden für die Mitbeteiligten nicht ausgeblieben ist. Als der lateinische Bund geschlossen wurde, kam man überein, daß Silber- und Goldmünzen in gewisser Form geprägt werden sollten, und stillschweigend war damit gesagt, daß anderes Geld überhaupt nicht existieren sollte. Italien aber kam durch seine Finanzverlegenheit dahin, Massen von Papierzeichen zu schaffen, welche nicht bloß das Gold sondern auch das Silber aus dem Lande drängten und beispielsweise Frankreich mit minderwertigem italienischen Silber überschwemmten. Dieser Mißstand bildete bei der Erneuerung des lateinischen Münzvertrages den Gegenstand vieler Klagen und heftiger Auseinandersetzungen, aber er ist doch nur ein Geringes im Vergleich zu der Erschütterung, welche eintreten würde, wenn unter den heutigen Umständen das halsbrechende Experiment versucht würde, die Vorräte des einzelnen Landes an Silber zu vermehren, dessen künstliche Wertsteigerung durch den Bruch des Vertrages wieder zu Schanden gemacht würde.

Das Scheitern aller bisherigen Versuche einer internationalen Vereinbarung. Die Münzkonferenzen und Untersuchungscommissionen.

Mit jedem Jahr wird es schwieriger, eine Lösung für die Aufgabe zu finden, welche von den Vertretern eines über die ganze Welt zu verbreitenden internationalen Münzbundes gestellt wird. Gäbe es eine Formel, um dieses Problem zu lösen, sie wäre gewiß längst gefunden. Seit dem Jahre 1878, wo zum ersten Male in Paris die Konferenz sämtlicher europäischer Staaten und der nordamerikanischen Republik zusammentrat, hat man alle Kraft daran gesetzt, die Ausführbarkeit eines solchen Programms zu beweisen und eine Einigung über dasselbe herbeizuführen. Alles, was an gutem Willen, Erfahrung und Kenntnissen zusammengebracht werden konnte, wurde aufgeboten. Monate lang wurde debattiert, und schließlich konnte auch nicht der geringste Anfang einer Verständigung erzielt werden. Dasselbe Schauspiel wiederholte sich 1881 und zuletzt, noch unfruchtbarer und hoffnungsloser als je zuvor, am Ende des Jahres 1892 auf der mehrerwähnten Brüsseler Konferenz. Neben diesen allgemeinen und offiziellen Staatskonferenzen haben zwei aus freiwilliger Veranstaltung hervorgegangene Konferenzen im Jahre 1882 in Köln und im Jahre 1889 in Paris sich demselben Zweck gewidmet, und endlich muß noch erwähnt werden, daß zwei in England niedergesetzte Untersuchungskommissionen in den Jahren 1876 und 1886/87 viele Folianten mit Zeugenverhör, Gutachten und Berichten über die gleichen Fragen gefüllt haben. Doch alle diese gewaltigen Anstrengungen sind gänzlich unfruchtbar geblieben, und die Brüsseler Konferenz hat von neuem ein Zeugnis dieser Ohnmacht ausgestellt, als sie, was freilich keinen Unbefangenen überraschen konnte, den im Dezember angesetzten Termin des 30. Mai für ihren Wiederzusammentritt fallen lassen und ins Ungewisse hinausschieben mußte. Wie ließe es sich erklären, daß fünfzehn Jahre solcher Bemühungen vorübergegangen sein könnten, ohne daß das Problem auch nur den kleinsten Schritt seiner Lösung näher gerückt wäre, wenn nicht in der Sache selbst von Grund aus das Hindernis läge, welchem findige Köpfe durch künstlich ausgeheckte Pläne beizukommen suchen? Nach solchen Erfahrungen kann man ruhig sagen, daß der Bimetallismus alle Hoffnung fahren lassen kann, bessere Wege zu entdecken, als er in diesen fünfzehn Jahren vorgeschlagen hat, um nur den Anfang einer Uebereinstimmung zwischen den Beteiligten erstehen zu sehen. Geradezu komisch muß es auch wirken, wenn z. B. in Deutschland die wieder von neuem anstürmenden Vorkämpfer für diese verlorene Sache das von der Zeit besiegelte Urteil damit wieder angreifen wollen, daß sie den Ruf nach Einsetzung einer Untersuchungskommission erheben. Wem die Akten der eben angeführten vielen Untersuchungskommissionen und Konferenzen bekannt sind, der kann unmöglich behaupten, daß es denkbar sei, noch neue Thatsachen oder Argumente herbeizubringen, die nicht bis zur Uebersättigung in den alten Akten aufgeführt wären. Eine neue Untersuchungskommission hätte vor allem die Aufgabe, Kenntnis zu nehmen von dem, was in den Registern ihrer Vorgängerinnen verzeichnet steht, und man könnte einen Preis darauf setzen, irgend eine Frage ausfindig zu machen, die nicht unzählige Male bereits beantwortet wäre, soweit dies überhaupt möglich ist.

Steigerung der Schwierigkeiten in jüngster Zeit.

Aber nicht nur dies. Die Schwierigkeiten, welche den früheren Konferenzen unüberwindlich gewesen waren, haben sich im Laufe der Zeit immer mehr gesteigert, und so fand sich die Brüsseler Konferenz, die erst neuerdings getagt hat, der ungeheuerlichen Aufgabe in ihrer ganzen Größe gegenüber. Die erste der zwei Pariser Konferenzen hatte noch mit einem Niedergang des Silbers zu rechnen, welcher, verglichen mit dem heutigen, als ein mäßiger bezeichnet werden kann. Das ehemalige Verhältnis war um etwa 16 Prozent zurückgegangen. Heute, wo das ehemalige Verhältnis von 1 : $15^1/_2$ um nahezu 40 Prozent verändert ist, wäre die im Prinzip schon unlösbare Aufgabe auch quantitativ ins Unfaßbare gesteigert. Man braucht bloß die Formel auszusprechen, daß nach dem bimetallistischen Begehren ein internationaler Beschluß den Preis des Silbers auf dem Londoner Edelmetallmarkt von etwa 37 Pence*) per Unze auf 61 hinaufdekretieren soll, um die Absurdität eines solchen Unterfangens zu kennzeichnen. Auch haben sich ebendeshalb diejenigen Verteidiger des Silbers, welche nicht keck genug sind, ein solches Kunststück zu empfehlen, zu bescheideneren Ansprüchen herabgestimmt. Entweder verzichten sie darauf, das alte Verhältnis zwischen Silber und Gold zu Grunde zu legen, oder sie verzichten überhaupt darauf, die Doppelwährung durchzusetzen und

*) Siehe den Nachtrag. Durch Indiens Vorgehen fiel der Preis auf 30—34.

wollen sich damit begnügen, wie man sich ausdrückt, dem Silber einen breiteren Platz zu verschaffen und dadurch seinen Preis zu heben.

Neue Vorschläge zur Wertrelation. Der Antrag Ackermann.

Es ist vorgeschlagen worden, die Doppelwährung, statt wie früher auf dem Fuß von 1 : 15½, auf dem Fuß von 1 : 20 oder, wie neuerdings geschehen ist, sogar von 1 : 25 zu regeln. Aber abgesehen davon, daß diese Vorschläge alle vereinzelt waren, und daß die große Masse der Silberfreunde aus begreiflichen Gründen an dem alten Verhältnis festhält, springt das Unhaltbare derartiger neuer Vorschläge von selbst in die Augen, sobald man daran geht, sie näher begründen zu wollen. Warum 1 : 20 oder 1 : 25 oder irgend ein Verhältnis zwischen diesen Zahlen? Offenbar doch nur, weil zu irgend einem Zeitpunkte die Marktpreise einem solchen Verhältnis entsprachen. Will man sich aber nach den Marktpreisen richten, so kann man eben nicht verkennen, daß sie ihrer Natur nach schwankend sind und daß, was heute wahr ist, morgen falsch sein wird. Entweder kann man durch Dekrete die Marktpreise zwingen, und wenn dieser Unsinn Sinn wäre, so hätten die Verteidiger des 15½ das bessere Recht; oder man kann es nicht, dann ist auch jeder andere Vorschlag hinfällig. Soll einmal das Absurde unternommen werden, so thut man besser, mit der Vernunft gar nicht heranzutreten, und diese Erkenntnis haben auch diejenigen Mitglieder des aufgelösten Reichstags bewährt, welche unter Vortritt des Abgeordneten Ackermann noch kurz vor Thorschluß frisch, fromm, fröhlich, frei beantragten, daß Deutschland die Silberprägung auf dem alten Fuß wieder einführen, ja sogar, ohne nur ein internationales Abkommen abzuwarten, allein mit dieser kühnen That vorgehen sollte. Schöner hätten die Herren gar nicht dokumentieren können, daß, wenn man doch einmal blind sein will, es ganz konsequent ist, auch nicht den kleinsten Schimmer in die beliebte Finsternis hereinfallen zu lassen.

Die Vermittelungsvorschläge zu Gunsten des Silbers bei Vermeidung des Bimetallismus und die Brüsseler Konferenz

Der bescheidenere Vorschlag, welcher auf die internationale Doppelwährung verzichtet und nur etwas mehr Raum für das Walten des Silbers begehrt, ist eigentlich derjenige, welcher thatsächlich heutzutage noch allein im Vordergrunde der zwischen den Staaten gepflogenen Erörterungen steht. Er ist auch derjenige, auf dessen Voraussetzung einzig und allein die letzte Brüsseler Konferenz zu Stande kam. Als die Vereinigten Staaten England den Vorschlag machten, diese Konferenz zu beschicken, erklärte dessen Regierung, darauf nur eingehen zu können, wenn vom Bimetallismus überhaupt dabei nicht die Rede sein dürfe. Nur wenn man sich darauf beschränken wolle, die Möglichkeit größerer Verwendung von Silber zu prüfen, könne Großbritannien sich an den Beratungen beteiligen. Diesen Vorschlag nahm die amerikanische Regierung an, und auf dieser Basis trat die Konferenz zusammen, was aber nicht gehindert hat, daß trotzdem die echten Silberfreunde auch hier wieder mit ihrer großen Lieblingsidee, der internationalen Doppelwährung in den Vordergrund kamen. Und das ist begreiflich. Denn denjenigen, welche davon träumen, dem Silber den Preis wieder zu verschaffen, den es vor zwanzig Jahren hatte, würden die kleinen Hausmittelchen, mit denen ihnen der bescheidenere Vorschlag zu Hilfe kommen will, wenig Befriedigung gewähren; und dazu kommt noch, daß, sobald man diesen Hausmittelchen näher tritt, sich zeigt, daß gar kein Platz für ihre Verwendung vorhanden ist.

Der Vorschlag Rothschild. Seine Haltlosigkeit.

Worin bestehen denn diese Mittel? Auf der Brüsseler Konferenz, welche doch die letzte Weisheit in diesen Dingen zur Auswahl vor sich hatte, gelangte man schließlich dazu, von den unzähligen Ratschlägen gelehrter und ungelehrter Silberfreunde zwei allein als die nicht von vornherein ganz unannehmbar erscheinenden in nähere Erwägung zu ziehen, den Vorschlag Rothschild und den Vorschlag Moritz

Levy. Der Vorschlag Rothschild beruht auf einem ähnlichen Gedanken wie die bestehende amerikanische Gesetzgebung, nämlich den Preis des Silbers dadurch zu heben, daß jährlich ein bestimmter Betrag desselben auf dem offenen Markt angekauft wird. Der benannte englische Delegierte unterbreitete der Konferenz den Antrag, die versammelten Staaten Europas sollten jedes Jahr für 100 Millionen Mark Silber kaufen, vorausgesetzt, daß die Vereinigten Staaten von Nordamerika fortführen, wie bisher jährlich einen Betrag von etwa 200 Millionen Mark auf dieselbe Weise anzukaufen. Diese Käufe sollten fünf Jahre lang fortgesetzt werden, so lange nicht der Preis das Maximum von 43 Pence per Unze übersteige. Dies ist in seinen Hauptumrissen der Antrag, welcher in der Kommission noch genauer ausgearbeitet, schließlich aber von der Mehrheit abgelehnt und auch von dem Antragsteller zurückgezogen wurde. Wie schon früher bemerkt, muß dem gesunden Verstand jede Operation, welche darauf hinausgeht, eine Ware nur zu dem Zweck anzukaufen, um ihren Preis zu steigern, also nicht weil irgend ein Bedürfnis nach ihrer Anschaffung vorliegt und also auch nur mit dem Erfolg, daß sie unnütz irgendwo aufgespeichert werden muß, als etwas erscheinen, das zu jeder vernünftigen Ordnung des wirtschaftlichen Lebens im direktesten Widerspruch steht. Auch ist schon darauf hingewiesen, daß, wie die Erfahrung lehrt, das amerikanische Vorgehen nicht einmal dem unberechtigten Zweck, der dabei ins Auge gefaßt war, gedient hat. Man denke sich auch z. B. die angenehme Ueberraschung, die einer deutschen Volksvertretung bereitet würde, wenn sie zu ihren schon jetzt schwer zu tragenden Ausgaben alljährlich während fünf Jahre noch zehn oder zwanzig Millionen zu bewilligen hätte nur zu dem Zweck, damit die Silberproduzenten bessere Geschäfte machten.

Der Vorschlag Moritz Levy. Seine Unzweckmäßigkeit und die Unmöglichkeit ihn durchzuführen.

Nachdem das Pojekt Rothschild beseitigt war, blieb nur noch das Projekt Moritz Levy. Der Grundgedanke desselben, welcher schon im Jahre 1878 aufgetaucht war, ging dahin, daß, um der Verwendung des Silbergeldes im Verkehr mehr Raum zu schaffen, gewisse Geldsorten, die jetzt in Gold oder Papier zirkulieren, eingezogen und durch Silbergeld ersetzt werden sollten. Die große Zahlungsmünze (Kourantmünze) sollte nicht in ihrem Wesen erschüttert, die Richtigkeit der Goldwährung weder theoretisch noch praktisch bekämpft werden, man wollte sie nur auf das Gebiet der größeren Zahlungen einschränken; unter den kleineren verstand das Projekt alle die von zehn Mark und darunter. Daher sollten beispielsweise in Deutschland die Goldstücke und papiernen Wertzeichen von zehn und fünf Mark verschwinden, damit das Publikum sich an ihrer Stelle neu auszuprägender Silbermünzen von entsprechendem Betrage bediene. Auch wenn der Grundgedanke dieses Vorschlags richtig wäre, müßte man vor allem fragen, ob es praktisch möglich wäre, ihn so durchzuführen, daß er den vorgesetzten Zweck erreichte. Dazu wäre nötig die Voraussicht, dem Verkehr mehr Silber aufzwingen zu können, als er bis jetzt absorbiert. Nun ist schon oben erwähnt, daß es nicht an Versuchen gefehlt hat, gerade dieses Experiment durchzusetzen; an Silbermünzen, um das Gold zu ersetzen, fehlt es nirgends; die meisten Staaten und Banken des Festlandes haben mehr Silbergeld vorrätig, als ihnen lieb ist. Vorausgesetzt nun auch, man wollte durch indirekten Zwang die Absicht erreichen, indem man dem Publikum für den Gebrauch von Zehn- und Fünfmark-Stücken keine andere Wahl ließe, als Silberstücke zu nehmen, so würden dadurch die Regierungen noch nicht in die Lage versetzt, neue Silberanschaffungen zu machen. Denn ihre Silbervorräte reichen viel weiter als die heute im Umlauf befindlichen Quantitäten, sie haben alle mehr oder minder noch mehr auf Lager, als verlangt wird, und wenn durch Einziehung von Gold und Papier auch eine größere Nachfrage nach silbernen Fünf- und Zehnmark-Stücken entstünde, so müßten z. B. bei uns doch zuerst die noch in der Bank liegenden Millionen von Thalern dazu bestimmt werden. Deutschland ist darin noch in der günstigsten Lage, denn sein Thalervorrat ist, wie oben geschildert, nicht sehr groß. Anders steht die Sache in Frankreich. Der französische Delegierte, Herr Tirard, erklärte dem Projekte Moritz Levy gegenüber, daß, wie man es auch ansehe, seine Regierung unmöglich in den Fall kommen könnte, sei es zur Durchführung dieses Projekts, sei es dem Gedanken des Projektes Rothschild folgend, noch neues Silber zu dem hinzuzukaufen, welches bereits in den Kellern ihrer Bank liege. In der That, wenn man weiß, daß jahraus, jahrein über 1200 Millionen Francs in Fünffranken-Stücken in der französischen Bank liegen, die man vergeblich in den Verkehr zu bringen sich bemüht, so kann man daraus schließen, daß auch bei Beseitigung der Zehnfranken-Stücke (Papiergeld in so kleinen Abschnitten hat Frankreich gar nicht) schwerlich diese 1200 Millionen zu einem namhaften Teil als Ersatz eintreten würden. Noch viel stärker sind die aufgespeicherten Silbervorräte in Belgien, Holland und der Schweiz im Verhältnis zum Golde; also auch hier keine Aussicht auf neue Silberankäufe, selbst für den Fall der Verwirklichung des Vorschlages Levy. Obwohl der Gedanke desselben von der Mehrheit der Kommission sanktioniert wurde, ist man bekanntlich doch nicht dazu gelangt, ihm praktisch näher zu treten.

Doch eins muß hier noch zugefügt werden. Wie mehr oder minder bei allen diesen Vorschlägen, die nur von dem Gesichtspunkte ausgehen, nicht dem Zweck des Geldes

Grundfehler aller dieser und ähnlicher Vorschläge:

die Verquickung der Regulierung des Geldwesens mit Nebenzwecken.

als solchem, sondern dem Zweck der Erhöhung eines bestimmten Warenpreises zu dienen, liegt hier eine Versündigung gegen die ganze Natur der Sache vor. Es kann nicht genug betont werden, daß es an und für sich grundfalsch ist, die Frage: welches ist das richtige Geld? zu verquicken mit der Frage: wie diene ich einem Nebenzweck? Wie wäre es z. B., wenn man auf einem anderen Gebiete, sagen wir dem des Krieges, bei einer der wichtigsten Einrichtungen des Heeresdienstes fragen wollte, nicht, wie soll sie gemacht werden, damit sie dem Zwecke der Landesverteidigung am besten diene, sondern, damit irgend einer Ware ein besserer Absatzpreis verschafft werde. Wenn beispielsweise vorgeschlagen würde, an Stelle des Gußstahls für Kanonen irgend ein anderes dazu minder geeignetes Produkt zu gebrauchen, weil gewisse wirtschaftliche Interessen dadurch befördert würden, so würde jeder Mensch einen solchen Vorschlag für eine Tollheit erklären. Was aber hier von einer Einrichtung gilt, bei der jeder den Irrtum leicht begreift, weil die Notwendigkeit, sie zweckmäßig zu gestalten, so scharf in die Augen fällt, das kommt logischerweise jeder Einrichtung zu Gute und sollte am wenigsten übersehen werden bei derjenigen, welche an Wichtigkeit für den Bestand eines großen Gemeinwesens kaum hinter der Heeresorganisation zurückbleibt. Mit andern Worten: Geld, wie jedes Ding, das zu menschlichen Zwecken bestimmt ist, soll von Haus aus zunächst diesem Zweck angepaßt werden, und der Zweck des Geldes besteht eben darin, daß dem Verkehr ein Zahlungsmittel geboten wird, welches seinen Bedürfnissen am besten entspricht.

Natürlicher Ursprung und Charakter der Goldwertzeichen, besonders in Deutschland.

Auch sind die Geldzeichen beispielsweise von 10 Mark, Schilling oder Franken in Gold nicht etwa einem fantastischen Vorschlag entsprungen, sondern durch die von der Erfahrung bewährten und unbestritten vorhandenen Bedürfnisse des Lebens vorgezeichnet worden. Sie aus Nebenrücksichten unterdrücken, hieße den Verkehr zweckwidrig behandeln oder geradezu vergewaltigen, mit andern Worten, die Grundbedingung des wirtschaftlichen Lebens schädigen, was nicht bloß sich immer durch Schaden rächt, sondern auch durch die Auffindung von Mitteln zur Vermeidung des Schadens wieder umgangen wird. Man würde sich gründlich irren, wenn man glaubte, dem Verkehr so viel an Silberstücken aufdrängen zu können, als man ihm an Goldstücken von zehn Mark u. s. w. entzöge. Der Verkehr, welcher diese widernatürliche Unbequemlichkeit hart empfände, würde sich auf andere Weise zu helfen suchen und würde beispielsweise mehr Goldstücke von zwanzig Mark in Anspruch nehmen als bisher. Auf kein Land würde dieses Zwangsexperiment so wenig passen, wie auf Deutschland. Denn nicht ohne Ursache ist gerade das goldene Zehnmarkstück die grundlegende Münze für unsere ganze Währung geworden, indem ihr der einfache Name Krone beigelegt wurde. Während das Zwanzigmarkstück als Doppelkrone nur einen abgeleiteten Namen trägt, hat der Gesetzgeber ausgesprochen, daß er dieser Einheit von Zehn Mark einen entscheidenden Wert beilegt, und er hat sich aus Gründen, die ins Einzelne zu verfolgen hier entbehrlich ist, damit auch auf dem richtigen Wege befunden. Der Verkehr verlangt bei uns aus seinem eigensten Instinkt heraus fortwährend nach einer Vermehrung gerade dieser Münzeinheit in Gold, und das Reich hat sich immer wieder entschließen müssen, Goldkronen zu prägen, obwohl es ökonomischer wäre, sich auf Doppelkronen zu beschränken, die im Umlauf durch Abreiben weniger rasch entwertet werden und weniger Prägekosten verursachen. Noch in neuerer Zeit hat der Bundesrat die Ausprägung von dreißig Millionen Mark in Kronen angeordnet, weil von allen Seiten das Begehren darnach grade für den Inlandsverkehr hervortritt; und diesen zu befriedigen und so zu befriedigen, wie es dem Verkehr am liebsten ist, darin besteht ja gerade die Aufgabe des Geldwesens.

Wir kommen daher zu dem Ergebnis, daß die Annahme eines Antrages wie der des Moritz Levy von Grund aus falsch wäre, aber selbst auch bei seiner Annahme den Zweck der Silberfreunde nicht erreichen würde.

Die Gründe für die Aussichtslosigkeit aller weiteren Versuche dieser Art. Der bisherige Verlauf der Brüsseler Konferenz.

In Wahrheit ist man auch auf den Notbehelf, mit dem sich dieser und mancher andere ihm verwandte Vorschlag eingeführt hat, nur gekommen, weil man daran verzweifelte, einige unentbehrliche Großstaaten und namentlich England zur Hauptsache, nämlich der internationalen Doppelwährungs-Verbrüderung, zu bestimmen. Es ist charakteristisch, daß auf der letzten Konferenz in Brüssel, die ausdrücklich mit dem Verzicht auf den Bimetallismus zu Stande gekommen und angeblich nur auf die Suche nach Hebung des Silberpreises gerichtet war, die großen Silberfreunde doch immer wieder in die Anpreisung der internationalen Doppelwährung verfielen, und von ihrem Standpunkte aus kann man das vollkommen begreifen. Wenn die Doppelwährung richtig und ausführbar wäre, so könnte sie wenigstens ihrer Meinung nach das vorgesetzte Ziel erreichen; die Hebung des Silberpreises aber allein durch solche künstliche und unzulängliche Mittel, wie Ankauf auf gemeinschaftliche Kosten oder Unterdrückung der kleinen Goldmünzen, ist von vornherein ebenso unzureichend wie falsch. Daher werden alle neuen Versuche, auf die eine oder andere Weise den Gang, welchen die Entwickelung des Geldwesens seit zwanzig Jahren genommen hat, umzukehren, auch in Zukunft vergeblich sein. Nichts ist charakteristischer, als daß die Vereinigten Staaten, auf deren Verlangen die Brüsseler Konferenz berufen worden war, auf derselben erschienen, ohne auch nur den Schatten eines positiven Vorschlags für gemeinsame

Beschlüsse mitzubringen. Und dieses Schauspiel hat sich soeben wiederholt: das Kabinet von Washington hatte in Brüssel thatsächlich jüngst beantragt, in Ausführung der letzten Beschlüsse vom 17. Dezember die Konferenz am 30. Mai wieder zusammentreten zu lassen. Darauf erging von Brüssel aus der Bescheid, man sei bereit, auf den Vorschlag einzugehen, vorausgesetzt, daß die Delegierten Amerikas diesmal mit positiven Vorschlägen erschienen. Natürlich konnte diese Bedingung nicht erfüllt werden, und so vertröstete man sich damit, den Termin wiederum auf sechs Monate zu verschieben. Bis dahin werden sich wohl in Amerika selbst die Dinge so gestalten, daß die Amerikaner die Lösung der Schwierigkeit, in die sie sich durch eine frivole Gesetzgeberei hineingestürzt haben, selbst in die Hand nehmen müssen.*)

England's Stellung zur Silberfrage von entscheidender Bedeutung. Wie sich der Antrag Ackermann damit abfindet.

Und so hat sich wieder einmal gezeigt, daß der unwiderleglichste aller Gründe, nämlich die Unmöglichkeit der Ausführung, sich all den Plänen und Beschwerden gegenüberstellt, mit welchen seit fünfzehn Jahren das abenteuerliche Treiben der Silberfreunde sich beschäftigt. Es müßte wunderlich in der Welt zugehen, wenn die Zukunft andere Entscheidungen bringen sollte als die Vergangenheit. Weder die Projekte zur Verteuerung des Silbers auf gemeinschaftliche Kosten, noch die gemeinsame Verpflichtung auf die freie Silberprägung werden sich in ausführbaren Bedingungen formulieren lassen, über welche die dazu unentbehrliche Vielheit der Regierungen diesseits und jenseits des Ozeans und deren Volksvertretungen sich einigen könnten. Selbst wenn die bimetallistischen Stichworte noch mehr Verbreitung fänden als bisher, am definitiven Versuch würde alles scheitern. Doch wird es kaum zu einem solchen

---

*) Seitdem Obiges geschrieben, ist in der That der Kongreß zu diesem Zweck auf den 7. August einberufen worden.

endgiltigen Versuch kommen. Vor allem wird es nicht gelingen, England zur Beseitigung der Goldwährung zu bringen. Nicht bloß die wirthschaftliche Einsicht der englischen Nation sondern auch ihr zähes Festhalten an altem Brauch und Gesetz verbürgen dies. Bedenke man, daß Großbritannien sich bis auf diesen Tag noch nicht einmal hat entschließen können, das Dezimalsystem anzunehmen. Daher ist es auch ganz begreiflich, daß unter denen, die berufen sind, Entschließungen in dieser Frage zu fassen, man sich mit der Formel begnügt, daß keinesfalls an eine silberfreundliche Erwägung herangetreten werden solle, so lange nicht England bereit sei mitzugehen. Nicht alle, welche sich dieser Formel bedienen, halten es deshalb für richtig, ein solches Experiment mitzumachen, selbst unter Englands Mitwirkung. Aber da sie wissen, daß England nie mitgehen wird, so sparen sie sich und Anderen Kopfzerbrechen, indem sie sich vorerst auf diesen Standpunkt zurückziehen. Wie es Eselsbrücken (pons asini) giebt, so giebt es auch Eselsgräben (fossa asini); die einen dienen dazu, einen nützlichen Weg zu betreten, ohne die Ursachen dafür lange zu studieren, die anderen dienen dazu, falsche Wege zu vermeiden um derselben Bequemlichkeit willen. Ein solcher sehr praktischer und empfehlenswerter Eselsgraben ist der Ruf: nichts ohne England! Freilich haben die Verwegensten nur unter den deutschen Silberfreunden in Erkenntnis dessen, daß sie von England nichts zu erwarten haben, auch den Ruf erschallen lassen, man könne die Sache ohne England machen, und um die augenfällige Keckheit einer solchen Behauptung in verblüffender Weise auszustaffieren, sind diese Rufer im Streit sogar so weit gegangen zu versichern, es sei grade wünschenswert, daß England nicht mitgehe; das werde Englands Handel ruinieren und die Doppelwährungsländer an seine Stelle in der Welt setzen. Solche Sophisterei verdiente nicht erwähnt zu werden, wenn sie nicht charakteristisch wäre für das Gebahren ihrer Urheber. Dieselben Leute, welche seit undenklichen Zeiten die Engländer als ein Krämervolk verschreien, dessen Egoismus auf Kosten der anderen Nationen seine kalten Rechnungen verfolge, wollen jetzt Deutschland glauben machen, die Engländer verständen nicht so gut wie die deutschen Bimetallisten, was ihrem eignen Lande nütze oder schade. Ist es doch bekannt, daß einer der hervorragendsten Fachmänner, der ehemalige Schatzkanzler Goschen, seine Haltung immer darauf eingerichtet hat, die Silberbewegung in den übrigen Staaten zu begünstigen, ohne daß England seine eigene Gesetzgebung zu verändern hätte. Wenn nun gar in dem in den letzten Tagen des Reichstags eingereichten Antrag Ackermann vorgeschlagen wird, nicht bloß ohne England vorzugehen, sondern sogar ohne Verbündete überhaupt in Deutschland die Doppelwährung einzuführen, welche beiläufig gesagt Deutschland nie gehabt hat, so gehört ein solcher Gedanke in das Gebiet der reinen Thorheit. Noch wunderlicher ist die Klausel, welche den Antrag gegen den thörichten Gedanken schützen soll, auf diese Weise allein vorgehen zu wollen. Um nicht den Spott über einen solchen Vorschlag herauszufordern, wird in den Motiven versprochen, daß die anderen Staaten folgen werden, wenn nur Deutschland mutig vorangehe, und diese Empfehlung soll dadurch schmackhaft gemacht werden, daß zwar die Doppelwährung gesetzlich eingeführt, aber vorbehalten wird, im Verwaltungswege durch den Bundesrat verkünden zu lassen, wann sie in Kraft treten soll. Man denke sich den Zustand einer Geldverfassung, die auf Kündigung von einem Tag zum andern steht, und den Zustand der Geschäftswelt, die sich unter der Herrschaft eines solchen Gesetzes befände, das im

Ungewissen läßt, mit welchem Geld vielleicht morgen, vielleicht in zehn Jahren die Verbindlichkeiten erfüllt werden sollen, die nach außen und innen geschlossen werden, — ein wahrer Fastnachtsscherz von einem legislativen Gedanken; nicht zu reden von allen schönen Nebendingen, die in diesem Gesetzentwurf und seinen Motiven für den Liebhaber noch zu finden sind.

Die Behauptung von der Verkehrtheit der Wertrelation von 1 : 15½, auf welche die deutsche Goldwährung basiert. Ihre angebliche Begünstigung des Gläubigers.

Alles bisher Gesagte könnte genügen, um zu zeigen, nicht nur wie falsch sondern auch wie hoffnungslos das ganze Treiben der Bimetallisten im Grunde ist. Aber um noch mit einem Reste dessen aufzuräumen, womit es den Sinn zu verwirren sucht, sei noch ein Blick geworfen auf diejenigen Beschwerden, deren man sich außer den schon oben erwähnten bedient, um die deutsche Währung als eine Quelle von Unrecht oder Uebel zu schildern.

Da heißt es vor allem, es sei ein ungeheurer Irrtum und Mißgriff gewesen, das Verhältnis von 1 : 15½ beim Uebergang zur Goldwährung in Deutschland zu Grunde zu legen, weil sich später ein ganz anderes Verhältnis zwischen den beiden Metallen entwickelt habe. Dies ist jedoch ein ganz unberechtigter Vorwurf. Das Verhältnis von Silber zu Gold kommt überhaupt in dem deutschen Verkehr nicht zur Anwendung, weil eben Silber gar kein vollgiltiges Zahlungsmittel mehr ist, oder mit anderen Worten nicht frei ausgeprägt werden kann. Das ist ja auch darin ausgedrückt, daß diejenigen Silbermünzen, welche nach Absicht des Münzgesetzes in Wirklichkeit bestehen bleiben sollten, nicht einmal in dem Verhältnis von 1 : 15½ sondern in einem solchen ausgeprägt sind, welches das Silber noch höher schätzt, 1 : 13,95. Denn während die Thaler noch so ausgeprägt sind, daß aus einem Pfund Silber neunzig Mark gemünzt werden, ist die Reichsscheidemünze auf dem Fuß ausgebracht, daß aus einem Pfund hundert

Mark gemacht werden, also ein Silberwert hierbei zu Grunde gelegt ist, der auch damals längst aus der Welt verschwunden war. Das beweist zur Genüge, wie sich auch aus den Verhandlungen über diesen Gegenstand ergiebt, daß man auf das Verhältnis von Silber zu Gold in Deutschland für die Zukunft deshalb gar keinen Wert legte, weil mit dem Ausschluß der freien Silberprägung der Wert des Silbers überhaupt für das Gold außer Betracht kam. Das Silber, welches im Verkehr bleiben soll, ist eben nur ein Münzzeichen und keine vollwertige Münze. Auch der Rest von Thalern, der im Verkehr geblieben ist, hat diesen Charakter, und es ist für ihre Geltung im Verkehr ganz gleichgültig, ob sie im Verhältnis von 1 zu 15½ oder zu 14 oder zu 13 ausgebracht seien. Daher erregt es ganz falsche Vorstellungen und läuft nur auf Täuschung hinaus, wenn man dem deutschen Publikum vorreden will, es leide unter der Festsetzung eines falschen Verhältnisses zwischen beiden Metallen. Ein Metall, das als frei zu prägendes Geld von der Gesetzgebung ausgeschlossen ist, verliert überhaupt seine Bedeutung im Punkt des Wertverhältnisses zu dem Metall, welches der freien Prägung offen und die einzige Basis der Münzen geblieben ist. Wenn dennoch in dem Münzgesetz von einem Verhältnis von 1 : 15½ die Rede ist, so geschieht dies nur unter einem einzigen Gesichtspunkte, nämlich dem des Ueberganges. Als das Münzgesetz gemacht wurde, hatte Deutschland die Silberwährung; wenn es für die Zukunft Goldmünzen einführen wollte, so mußte es deren Gewicht und Feingehalt festsetzen, und hier galt es herauszufinden, welches Gewicht an Gold zu Grunde zu legen sei, damit für die betreffende Gewichtseinheit Gold ebensoviel Kaufwert erzielt werde als in dem bisher gebrauchten Silberstück, an dessen Stelle es treten sollte, enthalten war. Mit anderen Worten, die Gleichung war so zu stellen: wie viel Gold muß in einem Zehnmarkstück enthalten sein, damit es heute im Moment des Ueberganges genau so viel Kaufkraft habe wie das Silber, welches in 3⅓ Thalern vorhanden ist? Nur dadurch konnte herbeigeführt werden, daß Schuldner und Gläubiger, die morgen in Gold regeln sollten, was sie heute in Silber festgesetzt hatten, weder Schaden noch Nutzen auf der einen oder anderen Seite zu gewärtigen hatten. Zur Beantwortung dieser Frage also konnte keine Untersuchung dienen, wie in ferner Zukunft etwa die beiden Metalle zu einander stehen würden, und eine solche Frage zu beantworten, wäre auch bekanntlich kein Mensch im Stande. Es mußte vielmehr einfach gefragt werden: wie steht heute der Silberpreis? und da dieser Silberpreis in Gold ausgedrückt in jenen Tagen das Verhältnis von 15½ zu 1 (beiläufig 61 Pence per Unze) verwirklichte, so mußte dieses Verhältnis zu Grunde gelegt werden. Welches andere, hätte man denn wählen sollen? Eines das nach zehn oder nach zwanzig Jahren sich herausstellen würde, eines von 18 : 1 wie zehn Jahre später, oder eins von 24 : 1 wie heute? Dann hätte damals, in dem Jahre 1873, wer 3 M. zu fordern hatte, nur einen Wert von nahezu 2½ oder 2 M. in Gold empfangen, und eine so schreiende Rechtsverletzung, wenn sich überhaupt ein Grund dafür hätte finden lassen, wäre gar nicht ertragen worden. Als nun allmählich der Silberpreis zu weichen begann, hatte dies für die laufenden Verbindlichkeiten keine Bedeutung mehr. Denn der Silberpreis hatte keine Wirkung, wenn Silber nicht mehr zur freien Prägung zugelassen war. Nun wird dem entgegengesetzt, zunächst die Schuldner aus langjährigen Verpflichtungen hätten seinerzeit auf Silber kontrahiert und demnach ein Recht, beispielsweise noch jetzt, wenn ihre Schuld 20 Jahre zurückdatiere, dieselbe in Silber abzutragen. Man will ihnen also den Anspruch zuerkennen, ihre Verbindlichkeiten heute in einem Metall zu bezahlen, welches über ein Drittel weniger wert ist als zur Zeit, da sie Schuldner wurden. Wer aber will behaupten, daß wirklich ein solches Recht auf ungerechte Ausbeutung eines Zufalles bestehe? Wäre Silber die geltende Zahlungsmünze geblieben und dabei zu solcher Wertverminderung gekommen, so wäre das ein unglücklicher Zufall für alle Gläubiger, welchen sie tragen müßten wie andere böse Zufälle. Aber zu behaupten, daß der Schuldner ein Recht hätte auf einen solchen Zufall, ist reine Willkür. Der Gesetzgeber konnte in dem Augenblicke, wo er an die Stelle des Silbers das Gold setzte, nichts anderes ermitteln als das herrschende Verhältnis, und so hat neuerdings auch die österreichische Gesetzgebung, nach eifriger Prüfung der Frage, entschieden.

Erläuterung durch Hinweis auf die Ablösung von Natural- durch Geld-leistungen.

Ein Beispiel mag erläutern, daß dies allein der richtige Weg ist. Zu verschiedenen Zeiten sind Leistungen in Naturalien, die auf landwirtschaftlichen Gebieten ruhten, in Geld umgewandelt worden; an Stelle von Zehnten und ähnlichen Naturalabgaben wurden Renten in Geld gesetzt, die als gleichwertig für erstere in Zukunft ausbezahlt werden sollten. Wem wird es in solchen Fällen beikommen, den Preis des Getreides, an dessen Stelle die künftige Geldleistung tritt, nach einem anderen Fuß zu berechnen als dem zur Zeit der Umwandlung bestehenden und wenn nicht nach dem Augenblick der Minute so doch nach einem etwaigen Durchschnittspreis, der in der letzten Periode geherrscht hat? Genau dieser Standpunkt wurde bei der Umwandlung der Silber- in Goldzahlung bei den Reichstagsverhandlungen, namentlich in der Sitzung vom 11. November 1871, von dem Verfasser vertreten, und alles was die bimetallistische Fabel ihm seitdem von angeblichen

Aeußerungen über den zukünftigen Gang dieses Verhältnisses in den Mund gelegt hat, ist reine Erfindung. Künftige Verhältnisse kann der Gesetzgeber nicht zu Grunde legen, da er sie nicht zu erraten in der Lage ist. Das genügt.

Das angebliche Interesse der Schuldner an der Silberwährung.

Nun wird von allen Seiten zugegeben, daß kein Metall, auch nicht das Gold, auf immer unveränderlich ist, und was oben von den Vorzügen eines im Preise sinkenden Geldmetalles gegenüber denen eines sich nach oben bewegenden für Handel und Verkehr behauptet worden ist, wendet man hier auch auf das Verhältnis vom Schuldner zum Gläubiger an. Man sagt nämlich, Silber ist in fallender Bewegung, Gold in steigender; für den Schuldner ist es vorteilhafter, daß das Metall, in dem er zu zahlen hat, herabgehe und so seine Last erleichtere. Der Schuldner aber, heißt es weiter, ist der interessantere Teil der Bevölkerung, und wenn doch für den einen oder andern Teil Partei ergriffen werden soll, so ist es besser, den Schuldner durch das Münzgesetz zu begünstigen, als den Gläubiger. Dabei geht man von der Voraussetzung aus, daß der Schuldner deshalb der interessantere, weil er der ärmere Teil sei. Aber auch das ist ganz falsch. Im Durchschnitt wird der Schuldner der vermögendere sein. Denn Schulden, namentlich auf längere Zeit, entstehen durch Geldbeträge, welche vom Gläubiger dem Schuldner anvertraut werden. Dieses Vertrauen bringt aber der Aermere dem Reicheren, nicht der Reichere dem Aermeren entgegen. Alle Ersparnisse, welche die unbemittelten und die mäßig wohlhabenden Stände zur Besserung ihres Lebens für die Tage der Not zurücklegen, vertrauen sie solchen Leuten und Anstalten an, deren Vermögenszustände ihnen Vertrauen einflößen; und wie in diesem Fall, wie bei Sparkassen und Lebensversicherungen und vielen ähnlichen Verbindungen verhält es sich mit dem ganzen Invalidenwesen, mit Pensionen, Witwengehalten, Besoldungen überhaupt, und die Zahl und Masse solcher Schuldverhältnisse, wo der Gläubiger der Aermere ist, bilden einen unendlich viel größeren Teil des Ganzen als die entgegengesetzten Fälle. Denke man auch an die Menge bescheidener Familien, die in einem Wertpapier ihre Ersparnisse anlegen, das an Kapital und Zins bei vermindertem Geldwert in geringerem Maße ausbezahlt würde, als der Sparende berechnet hatte. Wenn die Silberleute bei uns die Geldverschlechterung anpreisen, so geschieht es, weil sie einseitig an gewisse Kategorien von Landwirten denken, welche sich über Gebühr mit Hypotheken belastet haben, und bei Reduktion des Geldwertes einen Teil ihrer Schulden los würden. Aber nach diesem Bruchteil der Bevölkerung, der lange nicht die wenigst bemittelte Klasse darstellt, kann das allgemeine Interesse wahrlich nicht gemessen werden, selbst wenn man annehmen will, daß sein Anspruch auf Schulderleichterung gerecht wäre. Auch würde ein großer Teil des Verlustes, den die Hypothekengläubiger zu tragen hätten, wiederum von den kleinen Leuten erlitten. Denn die Hypotheken, um die es sich handelt, sind zum großen Teil nicht etwa in den Händen einzelner reicher Kapitalisten, sondern dienen als Geldanlagen für Sparkassen, Invalidenkassen, Versicherungskassen und Pfandbriefe, auf welche Hunderttausende der unbemittelten Klassen für die Sicherheit ihres Auskommens angewiesen sind.

Der angebliche Vorteil, den die Goldwährung dem Gläubiger verschaffe.

Wohl wird nun schließlich auch solchen Erwägungen gegenübergestellt, daß umgekehrt es sich ja gar nicht bei dem Silber um ein im Wert gesunkenes Edelmetall handele, daß vielmehr das Gold im Werte um die ganze Differenz gestiegen sei, die in den letzten zwanzig Jahren hervorgetreten ist, und es wird daher behauptet, daß der Gläubiger, sei er nun reich oder arm, welcher heute eine Schuld einkassiere, deren Geldwert vor zwanzig

Jahren festgesetzt worden sei, etwa ein Drittel mehr erhalte, als ihm zukomme. Wir haben schon oben bei der Besprechung der Frage nach der Preisbewegung dies bestritten und können uns hier einfach damit begnügen, als unzweifelhaft hinzustellen, daß z. B. derjenige, dem vor der deutschen Münzreform eine jährliche Pension von zweihundert Thalern in Silber ausgesetzt worden ist, ganz sicher heute nicht besser auskommt mit den sechshundert Mark, die ihm in Gold ausgezahlt werden. Wenn man ein Volksreferendum anstellen könnte mit der Frage, wie viele Leute sich beschweren, daß sie für ein Dreimarkstück in ihrer Tasche nicht genug, und wie viele sich beschweren, daß sie zuviel dafür kaufen könnten, auf welcher Seite würde wohl die Mehrheit sein?

Endlich sei auch noch nebenbei bemerkt, warum die Behauptung, der seit zwanzig Jahren eingetretene Rückgang des Silbers treffe im Schuldverhältnis den ärmeren Mann ganz besonders, falsch ist. Es mag noch vorkommen, daß der Arme Schuldner des Reichen wird auf kurze Zeit: Kredit auf Jahrzehnte giebt der Reiche dem Armen gewiß nicht, während umgekehrt grade aus den geschilderten Verhältnissen hervorgeht, daß auf lange und späte Jahre hinaus der Arme dem Reichen sein Geld anvertraut, um es allmählig zurückzuziehen, daß also bei einer Steigerung des Geldwertes viel mehr der ärmere Teil der Bevölkerung den Vorteil hätte als umgekehrt. Und endlich noch eins. Vergesse man nicht den Niedergang des Zinsfußes. Denke man nur z. B. an die Herabsetzung des Zinsfußes der Staats- und Eisenbahnpapiere (Konversionen) und setze man den Fall, alle von zurückgelegten Spargroschen erhobenen Zinsen würden nicht nur um ein Drittel oder ein Viertel durch Zinsreduktion, sondern auch um ebensoviel durch Verminderung des Geldwertes herabgesetzt.

Die Schädigung der Silberproduktion durch die Wertverminderung des Silbers.

Es wird auch angeführt, daß die Wertverminderung des Silbers den Besitzstand und die Produktion Deutschlands schädige. Freilich gehen die Silberfreunde nicht so weit, daß sie behaupten, die Interessen beispielsweise der Mansfelder Silberbergwerke oder der Besitzer von Silbergeschirr sollen ausschlaggebend sein für die Einrichtung einer so großen Angelegenheit wie die Münzreform. Aber so nebenher soll doch auch diese Betrachtung mitspielen. Allerdings hat eine solche Betrachtung in den Vereinigten Staaten ihren Einfluß ausgeübt, aber sie hat eben diese Gesetzgebung auch in so verhängnißvolle Wege getrieben, daß sie viel eher als Abschreckung wie als Ermunterung für andere Staaten dienen kann, um so mehr, wenn die hier angerufenen Interessen lange nicht so umfangreich sind, wie die amerikanischen. Man spricht von der Silberproduktion der deutschen Bergwerke, und in Tendenzschriften dieser Gattung wird vorgerechnet, wieviel Geld die deutschen Silberbergwerke heutzutage einnehmen würden, wenn der Preis noch so hoch stände, wie er vor zwanzig Jahren gestanden hat. Ganz abgesehen von der zweifelhaften Berechtigung auf die Erzielung eines solchen Preises und von der Möglichkeit ihn zu erhalten, sei nur erwähnt, daß die bei solcher Gelegenheit vorgebrachten Zahlen einen Hauptumstand verschweigen. So lesen wir in einer der neuesten Schriften dieser Art, die deutsche Silberproduktion betrage im Jahr 382 000 Kilo, und da jetzt 1 Kilo etwa 60 Mark weniger wert sei als ehedem, so bedeute das für Deutschland einen Verlust von zwanzig Millionen Mark im Jahr. In der That aber verhält sich das ganz anders. Unter den 382 000 Kilo, welche die deutschen Silberschmelzen herstellen, waren im Jahre 1891 aus deutschen Bergwerken nur 180 000 Kilo hergekommen,*) das andere, also über die

*) Nach neueren Angaben ist der aus deutschem Erze herrührende

Hälfte, entstammte Silbererzen, die vom Ausland kamen, und deren Wertverminderung nicht der deutsche Produzent, sondern der auswärtige Verkäufer des Erzes zu tragen hatte. Dies nur beiläufig, da der ganze Gedanke, den deutschen Geldumlauf nach dem Nutzen der Bergwerke zu regeln, begreiflicherweise ein unhaltbarer ist.

Die angebliche Schädigung der Besitzer von in Silber verzinslichen und zahlbaren Wertpapieren durch die Goldwährung.

Eine andere Rücksicht wird davon hergeleitet, daß die Besitzer von in Silber verzinslichen und rückzahlbaren Wertpapieren durch den Niedergang der Silbervaluta großen Schaden erlitten. Vorab muß hier bemerkt werden, daß gewiß derjenige Teil der Bevölkerung, welcher Geldanlagen in ausländischen Papieren macht, nicht zu jenen gehört, auf welche wegen ihrer bedrängten Vermögenslage in dieser Angelegenheit besondere Rücksicht zu nehmen wäre. Aber die thatsächliche Unterlage für die ganze Berücksichtigung ist hinfällig, weil veraltet. Sie entstammt der Zeit, wo in Oesterreich noch Silberzahlung galt und wo namentlich in Süddeutschland aus der Zeit vor 1866 viele österreichische Staatspapiere in den Händen des großen Publikums sich befanden. Das alles hat sich aber von Grund aus geändert; nicht bloß hat die Sitte, sich mit Geldanlagen nach Oesterreich zu wenden, in Deutschland bedeutend nachgelassen, sondern es kann von Silberpapieren in Oesterreich selbst nicht mehr die Rede sein. Schon vor der jüngst in Angriff genommenen Währungsreform in Oesterreich, welche alle Silberzahlung beseitigen soll, hatte nicht bloß die Papiervaluta, welche höher stand als das Silber, dieses gänzlich außer Thätigkeit gesetzt, sondern die große Menge der österreichischen Staats- und Eisenbahnpapiere, welche auch von Deutschland aufgenommen werden, sind ausdrücklich in Gold zahlbar gemacht, wie ja dies überhaupt

Teil noch beträchtlich geringer und der aus fremdem noch beträchtlich größer als oben angegeben.

in der ganzen Welt jetzt unerläßliche Bedingung für jeden, der auswärtigen Kredit in Anspruch nimmt, geworden ist, daß er bei Uebernahme der Anleihe Verzinsung und Rückzahlung in Gold versprechen muß. Auch darin ist die einfache Goldwährung längst als Alleinherrscherin im Weltverkehr praktisch anerkannt worden. Diese Veränderung hat nebenbei noch eine Bedeutung psychologischer Art für Deutschland. Zur Zeit nämlich, als Anfang der siebziger Jahre unsere Münzreform beraten wurde, begegnete sie in gewissen Kreisen, namentlich auch den politischen der Centrumspartei, darum lebhafter Abneigung, weil man daselbst Sympathien für Oesterreich und infolgedessen für seine damals wenigstens dem Namen nach noch geltende Silberwährung empfand. Dies alles hat sich seitdem durchaus geändert. Nicht nur die Rücksicht auf die Solidarität mit Oesterreich in diesem Punkte hat sich bedeutend abgeschwächt, sondern ihre Nutzanwendung in Gestalt der Vorliebe für Silber hat jede positive Unterlage verloren.

Die Schädigung der Besitzer von Silbersachen durch die Goldwährung.

Auch das Silbergeschirr muß noch herhalten, um zu beklagen, daß durch die herabgehenden Silberpreise der Besitzstand der Nation vermindert worden sei. Wenn sich das auch so verhält, so trifft es gewiß doch nur die Besitzer eines Luxusartikels und nicht einmal mit der Wirkung eines Schmerzes. Wer einige Dutzend silberner Bestecke in seinem Haushalt besitzt, wird nicht betrübt sein durch die Vorstellung, daß sie weniger wert sind als früher, und wer große Prunkgeschirre und Tafelaufsätze besitzt, wird uns nicht zu Thränen rühren. Wollte man doch solche kindliche Betrachtungen bei Erörterung über das große Geldwesen mit einfließen lassen, so wäre es viel eher am Platz zu fragen, was denn bevorstände, wenn es gelingen könnte, das Silber auf seine frühere Höhe dem Golde nahe zu rücken. Dann würde doch das Gold, an dem nun zur Herrschaft kommenden Silbergelde gemessen, um eben so viel im Werte verringert und die Besitzer von Goldwaren würden geschädigt. Nun ist es außer Zweifel, daß der Besitz an goldenen Schmuckgegenständen an sich viel höhere Summen ausmacht als der an Silber, und daß grade in den weniger besitzenden Klassen die kleinen Goldsachen zu persönlichem Gebrauch, wie Ringe, Schmuck, Uhren, Ketten u. dgl. viel verbreiteter sind, als der Besitz von silbernem Hausgeräte. So würden schließlich bei der geplanten Aenderung ebenfalls die weniger bemittelten Klassen mehr einbüßen als bei dem gegenwärtigen Stand der Dinge.

Das angebliche böse Beispiel, welches Deutschland mit Einführung der Goldwährung gab.

Zu den müßigen Fragen, die in diesem Streit eine Rolle spielen, gehört auch die, ob Deutschland schuld sei an dem Niedergang der Silberpreise, weil es durch sein böses Beispiel die anderen Staaten zur Nachahmung verführt und insbesondere Frankreich und die ihm verbündeten Staaten zur Aussperrung des Silbers von seinen Prägeanstalten veranlaßt habe. Wir nennen diese Frage müßig, nicht bloß weil sie unzählige Male, mit Ziffern und Thatsachen belegt, verneint worden ist, sondern weil sie auch für die Zukunft gar nichts entscheidet. Die 600 Millionen Mark Silber, welche Deutschland von 1873—79 verkauft hat, sind ein Tropfen im Meere gegen die Massen, die in den letzten 20 Jahren aus den Bergwerken gefördert und im Handel umgesetzt worden sind. Die Production eines einzigen Jahres reicht jetzt an die Summe heran, welche Deutschland überhaupt abgestoßen hat, und da ist noch nicht in Anschlag gebracht, was die englische Regierung jährlich an Wechseln auf Indien in Rupien an den Markt bringt, die grade so wirken wie Silberbarren. Der einfachste Verstand kann sich sagen, daß, wenn Deutschland im Jahre 1873 mit dem Uebergang zur Goldwährung und dem Abstoßen von Silber einen Fehler gemacht hätte, die anderen Staaten, insbesondere das für deutsche Ideen wenig eingenommene Frankreich, sicher von seinem Beispiel sich nicht hätten bethören lassen. Es kann vielmehr keinem Zweifel unterliegen, daß, wenn Deutschland den unwiederbringlichen Moment jener Epoche nicht benutzt hätte, um sein Münzwesen vom Silber zu befreien, Frankreich und seine Verbündeten mit Wonne ihm möglichst viel Silber zugeführt und sich auf die Goldwährung eingerichtet hätten. Ueberall wo man seit jener Zeit überhaupt sich zur Reformierung des Münzwesens entschlossen, hat man nicht gezögert, Deutschlands Beispiel nachzuahmen, so namentlich in Skandinavien, Rumänien, Aegypten, Tunis und letzlich in Oesterreich. Auch die italienische Münzreform hat diesen Weg beschritten, und wenn sie in der Ausführung stecken geblieben, so lag dies, wie schon oben geschildert, nicht am falschen Prinzip, sondern an der schlechten Finanzwirthschaft des Staates, und im Augenblick, wo dies niedergeschrieben wird, scheint sogar eine gewisse Gefahr für Oesterreich heraufziehen zu wollen, daß es in den Anfängen seines Unternehmens auf Klippen stoßen könne. Aber auch dieses hat weder mit dem Prinzip noch mit der Ausführbarkeit auf gesunder Basis irgend etwas gemein. Die bezeichnete Gefahr rührt einzig davon her, daß eine unberechtigte und unvernünftige Jagd nach Gewinn, allen ruhigen Warnungen entgegen, die Reform der Währung mit anderen Finanzoperationen verquickt hat, die eine ihr geradezu entgegengesetzte Bewegung heraufbeschwören mußten, wohl aber noch heute durch rechtzeitiges Eingreifen und Umkehr vom falschen Wege überwunden werden kann. In der Schrift des Verfassers, welche diese Angelegenheit vor einem Jahre besprach, war ausdrücklich vor dieser Gefahr gewarnt worden.*) Auch diejenigen Regierungen

*) „Silber" von Ludwig Bamberger, Berlin 1892. Seite 18.

welche noch nicht an Münzreformen herangetreten sind aber solche planen, denken bekanntlich nur an die Goldwährung. Vergeblich hat man sich namentlich bemüht, Rußland auf andere Ideen zu bringen. Aber Rußland, welches nominal noch einen Silberrubel besitzt und selbst Silber produziert, denkt nicht entfernt daran, Silberschätze anzuhäufen und läßt keinen Zweifel darüber aufkommen, daß eine etwaige Reform ebenfalls der reinen Goldwährung gewidmet sein wird.*)

Das bimetallistische Stichwort von der „kurzen Decke."

Am meisten Furcht und Schrecken hat die Silberagitation ohne Zweifel ihrer Zeit mit dem Stichwort der „kurzen Decke" verbreitet. Wir haben oben schon gezeigt, wie wenig die Ziffern des Verkehrs und seiner Zahlungen mit denen des baren Geldvorrates in ein berechenbares Verhältnis gebracht werden können; aber zum Schluß dürfen wir doch nicht unerwähnt lassen, wie auch die thatsächlichen Behauptungen über den Rückgang der Goldproduktion und den daraus abgeleiteten künftigen Mangel neuerer Zeit sich als haltlos erwiesen haben. Der Name des Wiener Geologen Eduard Sueß, der im Jahre 1876 in einem gelehrten Werke die bevorstehende Erschöpfung aller Goldproduktion verkündet hatte, ertönte als das wirksamste Signal in sämtlichen alarmierenden Schriften und Reden der Silberpartei, und, wie das so zu gehen pflegt, selbst heute, wo die offenkundigen Thatsachen diese Prophezeiungen schlagend widerlegt haben, muß die alte Leier noch immer ihre Dienste leisten. Die Goldproduktion hat sich, wie bekannt, in den letzten Jahren nicht nur gehoben sondern teilweise auch einen Charakter angenommen, der eine ganz andere Stetigkeit verheißt, als der berühmte Geologe sie ahnen wollte. Die Goldgewinnung der Welt, welche noch vor 10 Jahren (1883) auf 400 Millionen

*) Hierzu tritt nun nach den neusten Berichten noch Englisch-Indien.

Mark zurückgegangen war, erreichte im Jahre 1886 bereits 440 Millionen, im Jahre 1889 510, 1892 550 Millionen und wird im laufenden Jahre wahrscheinlich über 560 Millionen Mark betragen, und das geht schon an die höchsten Zahlen (570 Millionen Mark) heran, die überhaupt seit der Entdeckung der californischen und australischen Minen erreicht worden sind. Ja, die angegebenen Zahlen des letzten Jahres 1892 bleiben vermutlich hinter der Wirklichkeit zurück, weil die Goldproduktion China's*) und die Ausbeute der südafrikanischen Bergwerke darin zu niedrig veranschlagt sind. Diese afrikanischen Goldquellen, welche Sueß in seinem Buche über die Zukunft des Goldes mit Verachtung behandelt hat, und auf die er auch in seinem neuesten Werke über die Zukunft des Silbers noch lange nicht den ihnen zukommenden Wert legt, sind nicht nur in einer gewaltig aufwärts gehenden Bewegung begriffen sondern ihrer Natur nach ganz im Gegensatz zu derjenigen Beschaffenheit, aus welcher Sueß schließen zu können glaubte, daß jedes Goldrevier sich in kurzer Zeit erschöpfen müsse. Bekanntlich handelt es sich hier wie in einigen großen Bergwerken von Australien und Neuseeland nicht um Schwemmgold, das in einiger Tiefe verschwindet, sondern um förmliche Goldbergwerke, welche nach der bisherigen Erfahrung eine unberechenbar lange Ausbeute versprechen. Nach der Angabe auch des amerikanischen Münzdirektors haben die südafrikanischen Minen, die vor wenigen Jahren erst mit schwacher Ausbeute begonnen, im Jahre 1892 bereits ein Ergebnis von mehr als 93 Millionen Mark geliefert, kommen demnach damit gleich Rußland in zweiter Reihe hinter der amerikanischen

*) Siehe die darüber unterm 23. Mai im Berliner Börsen-Courier von Ottomar Haupt veröffentlichten höchst interessanten statistischen Berichte.

Goldproduktion und werden ohne Zweifel im laufenden Jahre noch größere Resultate liefern. Bereits das erste Quartal von 1893 hat das seines Vorgängers um 50000 Unzen d. i. 3 600 000 Mark übertroffen, und überall erst beginnt die wahre Entfaltung des bergmännischen Betriebes und, was nicht minder bedeutend ist, der chemischen Behandlung des Erzes, die sich rasch vervollkommnet. Aehnliches, wenn auch nicht in so überraschendem Maße, ist von Australien zu sagen, und wenn auch nicht ohne gewisse Berechtigung darauf hingewiesen wird, daß der Verbrauch von Gold zu Luxuszwecken ein wachsendes Kontingent in Anspruch nimmt, so ist auch nach den höchsten Schätzungen dieser Verbrauch lange nicht in dem Fortschreiten begriffen, wie es von der Produktion der Bergwerke hier gezeigt worden ist.*)

Die Parteinahme für die Goldwährung angeblich ein Ausfluß der Freihandelslehre.

Um nichts zu vergessen, was mit einiger Berechnung auf Stimmungen unklarer Art in Umlauf gesetzt wird, sei schließlich auch noch das Stichwort erwähnt, welches die Anhänger des Schutzzolls damit gegen die deutsche Goldwährung anzulocken versucht, daß die Parteinahme für dieselbe als ein Ausfluß der Freihandelslehre geschildert wird. Ohne diese Theorie im Geringsten zu verleugnen, kann man doch ruhig behaupten, daß die eine Sache mit der anderen gar nichts gemein hat, und es genügt darauf hinzuweisen, daß auch diejenigen Kreise von Industrie und Handel in Deutschland, welche Anhänger der Schutzzölle sind, mit ganz vereinzelten Ausnahmen eifrigst gegen Antastung unseres Geldwesens protestieren, und gerade hervorragende Vertreter des Schutzzolles gehören mit zu den besten Verteidigern der Goldwährung. Als solcher verdient vor allem der ehemalige preußische Finanzminister von Scholz er-

*) Siehe das neuster Zeit erschienene Heft 115/116 der volkswirtschaftlichen Zeitfragen „Ist eine Abnahme der Goldproduction zu befürchten?" von Georg Heim. Berlin 1893, Leonhard Simion.

wähnt zu werden, welcher gerade in der Durchführung des Schutzzollsystems der energischste Vertreter des Fürsten Bismarck war, aber gleichzeitig einer der kräftigsten und schneidigsten Gegner der Doppelwährungsleute. Ihm ist es vielleicht zu verdanken, daß Fürst Bismarck nicht in einem schwachen Momente sich von seinen agrarischen Freunden für die Doppelwährung einfangen ließ, und unvergessen ist gewiß allen Beteiligten die herbe Lektion, welche einer der Hauptvertreter der Doppelwährung im Reichstag seiner Zeit durch Herrn von Scholz erhielt. Ein anderer eifriger Vorkämpfer des Schutzzolls, der Generalsekretär des Vereins für die Wahrung gemeinschaftlicher wirtschaftlicher Interessen in Rheinland und Westfalen, Herr A. Bueck, ist gleichzeitig in Schrift und Wort seit länger als einem Jahrzehnt für die Goldwährung energisch eingetreten; und endlich sei noch erwähnt der frühere freikonservative Abgeordnete Lohren, der seiner Zeit im deutschen Reichstag sich ebenfalls als tapferer Vertreter des Schutzzolls wie der Goldwährung hervorgethan hat. Ist doch oft genug von den Anhängern des Schutzzolls diesem zum Ruhme nachgesagt worden, er allein habe durch seine Einwirkung auf unsere Handelsbilanz die Durchführung der Goldwährung ermöglicht. Dagegen war der verstorbene Professor de Laveleye ein ebenso eifriger Freihändler als Bimetallist.

* * *

Schluß. Aussichtslosigkeit des Bimetallismus; aber Gefährlichkeit der bimetallistischen Agitation und jedes Entgegenkommens gegen dieselbe.

Wir haben es nicht als unsere Aufgabe betrachtet, die Folgen auszumalen, welche eintreten müßten, wenn sich die Drohungen der Bimetallisten verwirklichten und die verbündeten Regierungen in Deutschland sich von deren Wahngebilden verleiten lassen sollten, Hand an die Grundlagen unseres Geldwesens zu legen. Trotz aller Macht, zu der die agrarischen Einflüsse gelangt sind, trotz aller Sinnverwirrung, die sie mit ihren phantastischen Stichworten verbreiten, kann es doch für ausgeschlossen gelten, daß jemals ihre bimetallistischen Vorschläge zu Thaten würden. Es wäre zum ersten Male in der Geschichte, daß eine Nation nicht durch Unglück oder Leichtsinn, sondern aus heiler Haut und mit Vorbedacht, einen Staats- und Landesbankerott vollzöge, nur weil ihr gewisse einflußreiche Kreise vorspiegeln, daß mit diesem Bankerott höchst zweifelhafte Vorteile erzielt würden. Aber nicht nur die Vollziehung eines so verderblichen Planes ist zu fürchten, sondern auch schon der Schein einer Annäherung desselben an die Wirklichkeit; und im Augenblick, wo der Gedanke Fuß fassen würde, Deutschland könne zur Silberwährung übergehen — denn etwas Anderes wäre die sogenannte Doppelwährung nicht — würde ein rasendes Mißtrauen, nicht blos im Auslande sondern auch in Deutschland, alle diejenigen erfassen, deren Interessen mit Einnahme und Ausgabe von Geld verknüpft sind, und das ist nahezu die Gesamtheit. Man denke nur beispielsweise an den öffentlichen Kredit der deutschen Staaten und des deutschen Reiches, der ein so grundlegendes Element auch der Wehrhaftigkeit bildet. Es ist nicht nötig, dieses Schreckbild hier weiter auszumalen. Wenn auch nicht, wie wir glauben, die deutschen Regierungen und die Führung des Reiches zu allen Zeiten vor der Verantwortlichkeit eines solchen Sprunges ins Dunkle sich scheuen müßten, so wäre der Umstand, daß ohne die Uebereinstimmung mit den übrigen großen Staaten der große Fehler nicht begangen werden kann, schon Bürgschaft genug, um uns zu beruhigen. Denn trotz aller Leichtfertigkeit, mit welcher jetzt in die Welt hinausgeschrieen wird, daß Deutschland den salto mortale auch allein machen könne, hieße es dieser Behauptung doch zu viel Ehre anthun, wenn man sie ernst nehmen wollte.

Nachtrag zur vierten Auflage.

Gegen Ende April entschloß ich mich, einem von vielen Seiten an mich herantretenden Wunsche entsprechend, im Vorstehenden die bunte Reihe der Behauptungen, welche sich im Lauf der Jahre zur Bekämpfung des deutschen Münzwesens angesammelt hatten und die Umkehr zu einem System der Doppelwährung auf Grundlage internationalen Vertrages forderten, auf ihren Gehalt zu prüfen. Als im Beginn des Juni die Schrift aus der Presse ging, lag das tiefgreifende Ereigniß der von der englisch-indischen Regierung gegen Ende desselben Monats getroffenen Entscheidung noch ganz im Dunkeln. Zwar hatte Lord Kimberley, der Staatssekretär für Indien, nach einer seit März 1892 mit der in Simla residirenden indischen Regierung geführten Korrespondenz, dem Lord Kanzler John Herschell bereits am 21. Oktober 1892 den Auftrag erteilt, die Vorschläge, welche die indische Regierung behufs Aufhebung der freien Silberprägung gemacht hatte, einem Ausschuß zu unterbreiten, dem der Lord Kanzler selbst und nebst ihm sechs dazu bezeichnete, besonders kompetente Personen angehören sollten. Allein obgleich am Schluß der Zuschrift als Wunsch ausgesprochen war, daß der Bericht erstattet werden könnte, bevor die auf den 22. November berufene internationale Münzkonferenz in Brüssel zusammenträte, verzögerte sich doch die Entscheidung weit über diesen Termin hinaus, und die Sache wurde auch allgemein für so schwierig angesehen, daß man vielmehr überrascht war, als kürzlich der endgültige Bescheid erging.

Es ist hier nicht Aufgabe, die große und folgenschwere Maßregel auf ihre Richtigkeit und ihre Konsequenzen zu prüfen; dagegen erscheint es unerläßlich, sie, soweit die vorhergehenden Erörterungen mit ihr in Zusammenhang stehen, in den Bereich unserer Untersuchung zu ziehen. Es empfiehlt sich dabei, die Gesamtheit der sich hier anschließenden Erwägungen als ein Ganzes zu behandeln, statt bei den einzelnen Abschnitten, welche dazu Anlaß geben könnten, die betreffenden Auseinandersetzungen in einzelnen Bruchstücken zu geben. Im vorausgehenden Text ist da, wo die Ergebnisse dieser Betrachtungen besonders ins Gewicht fallen, auf gegenwärtigen Nachtrag verwiesen.

Die Maßregel, welche in dem großen asiatischen Reich die seit dem Jahre 1835 gesetzlich bestehende Prägefreiheit für Silber abschafft, die Goldwährung für die Zukunft ins Auge faßt und übergangsweise etwas, das man nach Analogie des Vorgehens bei der deutschen Gesetzgebung die Goldrechnung nennen könnte, einführt, ist selbstverständlich nicht nur in keiner Weise dazu angethan, die vorstehende Beweisführung zu entkräften, sondern vielmehr im vollsten Maße ihr Nachdruck zu verleihen. Gerade das letztere soll hier zunächst auseinandergesetzt werden.

Vor Allem erfährt das Bestreben, ein nationales Münzsystem unter den Einfluß ausländischer Verhältnisse zu stellen, bei dieser Gelegenheit eine schlagende Kritik. Unter den Argumenten, welche für die Beseitigung der deutschen Reichswährung aufgeführt werden, spielt die hervorragendste Rolle der Hinweis auf jene Länder, welche vermöge eines andersgearteten Münzwesens der deutschen Landwirtschaft besondere Nachteile zuzufügen geeignet sein sollen. Hierbei wird namentlich auf Rußland und Indien hingewiesen, und die betreffende Beweisführung würde, wie oben dargethan ist, jedenfalls noch eher auf Indien als auf Rußland passen. Nun denke man sich, das deutsche Reich hätte jenen Behauptungen nachgegeben und befände sich in vollem Zuge, seine Gesetzgebung so einzurichten, daß der angebliche Einfluß des indischen Münzwesens dadurch aufgehoben würde; da träfe nun eines Morgens ganz urplötzlich, wie eben geschehen, die Nachricht ein, daß diese ganze Voraussetzung thatsächlich vom Erdboden verschwunden wäre, um einer entgegengesetzten Platz zu machen!

Soviel steht ferner fest, daß, wenn das bisherige indische Münzwesen eine der Hauptstützen für die Angriffe auf das deutsche geliefert hat, diese Stütze für die Zukunft gefallen ist.

Endlich drittens: dieselbe Gedankenreihe, welche unsere Gegner dazu führte, die angeblich für Deutschland aus der indischen Silberprägung entspringenden Nachteile zu beklagen, mußte sie notwendigerweise auch zu der Ueberzeugung treiben, daß dem deutschen Nachteil ein Vorteil Indiens entspräche. Wie ließe sich aber damit vereinigen, daß die gesamten Autoritäten des indischen Reiches und der englischen Regierung gerade in ihrer Besorgniß um das Wohl des ersteren nach schweren Erwägungen sich dazu bestimmt fanden, diese Veränderung vorzunehmen?

Auch brauchen wir, um zu zeigen, daß jene angeblichen Vortheile nicht in der Wirklichkeit vorhanden waren, uns nicht auf das Zutreffende unseres allgemeinen Rückschlusses zu verlassen. Das Gutachten des Ausschusses selbst überhebt uns dieser Nothwendigkeit, indem es an verschiedenen Stellen auf die Prüfung der Sache eingeht. So ist beispielsweise in der Nummer 27 des Berichts unter der Rubrik „Angebliche Stimulation der Ausfuhr bei sinkendem Wechselkurs“ eine mit Zahlen belegte Darstellung gegeben, aus welcher, der Kürze halber, nur folgender Satz hervorgehoben sein möge: „Sollte man auch geneigt sein, vom theoretischen Standpunkt aus den Satz gelten zu lassen, daß ein sinkender Wechselkurs einen solchen Anreiz (für die Ausfuhr) zu geben geeignet wäre, so liefert doch die Untersuchung der Ausfuhrstatistik der Landesprodukte keinerlei Material zu Gunsten einer solchen Ansicht; im Gegenteil hat die Zunahme des Exports sich bei rasch sinkendem Wechselkurs geringer gezeigt als bei Stetigkeit desselben." Und an einer anderen Stelle wird dieselbe Beweisführung gegen die Behauptung gerichtet, daß der sinkende Kurs die Einfuhr hemme. Endlich wird noch in einer folgenden Nummer (31) bestritten, daß, wie man auch in Deutschland sagen hört, die Preise der Waren in Indien auf demselben Punkt geblieben wären, trotz des herabgegangenen Silberpreises. Im Gegenteil wird festgestellt, daß neuerer Zeit die inländischen Preise der indischen Produkte gestiegen seien und, heißt es hier bezeichnenderweise: „Wenn dabei erfahrungsgemäß der Tagelohn langsamer gefolgt ist, so muß dies eben zum Schaden der arbeitenden Klassen geschehen sein."

Nächst diesen Ergebnissen sachlicher Natur fällt gleichzeitig ins Gewicht eine Folgerung von mehr äußerlicher Beschaffenheit, aber darum nicht minder wichtig für die Ergänzung unserer Betrachtungen. Die neue Maßregel muß nämlich auf der festen Ueberzeugung beruhen, daß jede Aussicht auf das Zustandekommen internationaler Währungsbündnisse endgültig geschwunden ist. Und wohlgemerkt, die ganze Initiative ist nicht etwa von der heimischen englischen Regierung ausgegangen, der man gewisse Antipathien gegen solches Vertragswesen unterschieben könnte, sondern die obersten Behörden Indiens, nach eingehender Korrespondenz mit den dortigen zuständigen Unterbehörden, haben zuerst die betreffenden Vorschläge gemacht, ja die englische Regierung mit denselben wahrhaft bestürmt. Dies wird von dem englisch-indischen Ausschuß am Schluß seines Berichtes ausdrücklich hervorgehoben. Hier heißt es, daß die Mitglieder des Ausschusses zwar von der folgenschweren Bedeutung der indischerseits gemachten Vorschläge durchdrungen seien, aber angesichts der bedrängten Lage Indiens nicht umhin könnten, die Zustimmung der englischen Regierung zu befürworten. Wenn man sich nun erinnert, daß auf der Brüsseler Konferenz Ende vorigen Jahres gerade die Vertreter der indischen Regierung zu den eifrigsten Advokaten eines dem Silber günstigen internationalen Abkommens gehörten, so geht daraus mit Evidenz hervor, daß selbst in den Augen dieser für eine solche internationale Vereinbarung mit am meisten eingenommenen Fachmänner jede derartige Hoffnung geschwunden ist; darauf bezieht sich auch ausdrücklich eine Stelle (Nummer 47) des mehrerwähnten Berichtes.

Haben wir bis hierher in möglichst knapper Weise zu zeigen gesucht, wie unsere Auseinandersetzungen durch das eben Geschehene verstärkt werden, so wollen wir, wenn damit auch über den engeren Rahmen unseres eigentlichen Vorsatzes hinausgehend, die prinzipielle Bedeutung dieser neuen Erscheinung von ihrer charakteristischen Seite zu erfassen unternehmen, und zwar aus dem Grunde, weil sie einen höchst interessanten Beitrag zu der ganzen Entwickelungsgeschichte des Geldverkehrs in der modernen Welt liefert.

Mit einer augenfälligen Bezeichnung den Sinn der Erscheinung in helles Licht zu setzen, könnte man nichts Besseres thun, als der nachfolgenden Darstellung einen besonderen Titel zu geben mit den Worten: „Die Ehrenrettung der hinkenden Währung."

Ueber die Bedeutung des in die Münzsprache übergegangenen technischen Ausdrucks „hinkende Währung" ist im Text der Schrift (Seite 34 u. ff.) das Nötige gesagt; der Ausdruck selbst trifft mit seinem Gleichnis ganz vortrefflich die Natur der Sache. Das eine Bein, welches in der Goldwährung versinnlicht ist, erfreut sich gesunder, freier Bewegung, während das andere, das silberne, gelähmt nachgeschleift und dadurch natürlich auch seinem gesunden Bruder mehr oder weniger zum Hindernis wird.

Nun hatte dieser Zustand bereits vor dem letzten Erlebnis sich der Mehrzahl der nationalen Münzwesen bemächtigt; die Krankheit war eine Art Weltepidemie geworden, wenn auch in sehr verschiedenen Graden. Im Prinzip herrschte sie beinahe überall mit Ausnahme von England, weil überall Freiheit der Goldausprägung, Beschränkung der Silberausprägung und daneben gleichwohl gesetzliche Zulassung großer Silbermünzen als vollwerthiger Zahlungsmittel im Gang war. Jetzt hat sich diese Krankheit auch auf Indien ausgedehnt, welches sie aber nicht als eine Abnahme, sondern als eine Hebung seiner monetären Gesundheit auffaßt. Dies legt die Frage nahe, ob wir es bei der hinkenden Währung in der That mit einer Krankheit oder mit etwas Besserem zu thun haben, und ob nicht wenigstens, wenn eine Krankheit vorliegt, sie als ein Entwickelungsprozeß charakterisirt werden müßte, welcher durch den Uebergang aus einem unreifen Zustand in einen reiferen unvermeidlich geworden wäre.

Schon durch die allgemeine Natur des Vorgangs müßte man auf die Richtigkeit der eben erwähnten Auffassung hingeführt werden. Offenbar kann es nicht reiner Zufall sein, daß die große Mehrzahl der Nationen in den Bemühungen, ihr Münzwesen nach den Bedürfnissen der Zeit umzugestalten, in dies eigenthümliche Fahrwasser geraten sind. Und das erklärt sich beinahe auch von selbst. Die Magnetnadel der Weltwirtschaft zeigt immer deutlicher nach der Richtung der Goldwährung hin, aber es ist nicht so leicht, diesen Weg einzuschlagen, wenn man sich erst aus älteren Verhältnissen herauszuarbeiten hat. Diese Notwendigkeit hat die verschiedenen Länder der Reihe nach dazu gebracht, dem neuen Prinzip zu huldigen, indem sie willig das Gold aufnahmen und dem Silber den Zutritt verweigerten. Aber die, welche nicht, wie England vor 75 Jahren, die Evolution zu Ende geführt haben, sind gezwungen, die Erbschaft der vorangegangenen Zeit noch eine Weile in verschiedenen Maßen nachzuschleppen und sich mit diesem unvollkommenen Zustand zu behelfen. Die Frage ist nur: können sie hoffen, mit der Zeit gänzlich zu gesunden, und können sie bis dahin eine Existenzweise, sozusagen einen modus vivendi finden, der sich mit ihrem Gedeihen verträgt? Mit der ersteren der beiden Fragen hat sich der englisch-indische Ausschuß in seinem mehrerwähnten Bericht nicht des Breiteren beschäftigt. Nur mittelbar giebt er hier eine bejahende Lösung, indem er voranstellt, daß der Zweck der ganzen Maßregel die Erzielung der Goldwährung im vollen Sinn des Wortes sei. Wir wollen dem Beispiel des Ausschusses folgen, da uns für den gegenwärtigen Zweck die Aufgabe, dies Problem der Zukunft für die ganze Welt zu lösen, noch viel weiter abliegt, als den Mitgliedern jenen Komitees. Stehen wir doch, wie im Text nachgewiesen, auf dem Boden des deutschen Münzwesens in der Hauptsache am Ziel und können den andern Ländern überlassen, sich das Problem der Zukunft zurechtzulegen. Dagegen beschäftigt sich der Ausschuß in seinem Bericht mit der zweiten Frage, welche auch die viel interessantere ist, an verschiedenen Stellen bald flüchtig, bald eingehend. Es könnte scheinen, als ob die Verfasser sich nicht einmal völlig klar darüber geworden wären, daß sie eine Art von theoretischer Entdeckung in der Münzpolitik gemacht haben. Aber wie dem auch sei, sie haben mit ihren Ideen einer solchen Entdeckung derart vorgearbeitet, daß ihnen jedenfalls, wenn sie sich bewährt, das Verdienst zukommt; und eben, weil dies so wichtig als interessant wäre, können wir nicht umhin, es einmal genau ins Auge zu fassen.

Wir thun hierbei am Besten, wenn wir dem Gedankengang folgen, wie er aus den Akten sich ergibt. Zunächst also schlug die indische Behörde vor, die freie Ausprägung von Silber einzustellen und der Regierung das Recht vorzubehalten, zeitweise Silber zu kaufen und Rupien daraus zu schlagen; sodann die Prägeanstalten der freien Ausmünzung von Gold zu öffnen. Jeder, der Gold brächte, hätte das Recht, es in Goldmünzen ausprägen zu lassen, welche in jedem Betrag gesetzliches Geld sein sollten. Zur Begründung dieses Vorschlags wurde hinzugefügt, der Plan gehe durchaus nicht von dem Standpunkt aus, Silber als gewöhnliches Umlaufsmittel an die Stelle des Goldes zu setzen; vielmehr erachte man, daß in der großen Mehrheit der Umsätze in Indien Silber fortfahren werde, als Zahlungsmittel zu dienen. Dabei wurde hingewiesen auf das Beispiel von Frankreich und von anderen Nationen, welches lehre, daß es möglich sei, eine Goldwährung zu haben, obgleich ein breiter Prozentsatz der Umlaufsmittel mit unbeschränkter Zahlkraft aus unterwertigen Silbermünzen bestehe. Allerdings wird dabei zugegeben, daß, um die Goldwährung wirksam zu machen, das Maß der unterwertigen Silbermünzen begrenzt sein müsse, und es müsse die Möglichkeit gegeben werden, zur Not gegen Zahlung einer kleinen Prämie, im Falle des Bedarfs gegen Silber Gold erhalten zu können; was die Silbermünze betreffe, so werde durch die Beschränkung des umlaufenden Betrags der Zweck erreicht, daß sie allmählich in ihrem Zahlungswert zunehmen müsse, ohne daß sich jedoch eine Grenze dafür im Voraus berechnen lasse.

Der englisch-indische Ausschuß, dem diese, von dem finanziellen Beirat der indischen Regierung, Sir David Barbour, gemachte Vorschlag unterbreitet war, begutachtet ihn nun, indem er auf das darin zu Grunde gelegte Prinzip eingeht. Auch er weist darauf hin, daß andere Nationen, mit einer minder günstigen Geldverfassung als England versehen, zu verschiedenen Systemen gekommen wären, welche sie in Stand gesetzt hätten, ohne daß sie selbst die volle Goldwährung besäßen, doch das Gold als ihren Münzfuß anzunehmen und eine Parität ihres Wechselkurses mit den sich des Goldes bedienenden Ländern aufrecht zu halten. An dieser Stelle werden mit ihren verschiedenen Modifikationen als solche Länder angeführt Skandinavien, Holland, Canada, holländisch Indien, die Länder der lateinischen Union, die Vereinigten Staaten, Westindien, Oesterreich und schließlich Deutschland, letzteres allerdings mit dem Hinzufügen, daß daselbst der Betrag der unterwertigen Silbermünzen geringer sei, als anderwärts. Es wird ferner darauf hingewiesen, daß in Rußland zwar der Silberrubel dem Namen nach die Hauptmünze bilde, aber, weil auch da die Prägung eingestellt sei, der ihn vertretende Papierrubel einen Zahlungswert erreicht habe, der über den Wert des von ihm vertretenen Silbers hinausgehe. Dabei wird eingeschaltet, daß allerdings eine vollständige Analogie zwischen den Zuständen dieser Länder und dem jetzt für Indien vorgeschlagenen nicht bestehe. Alle diese Länder seien schon früher mehr oder weniger mit einer doppelten Währung vertraut gewesen, dieweil Indien unter dem System einer ausschließlichen Silberwährung gelebt habe. Immerhin kommt der Ausschuß zu dem Resultat, daß trotz dieser Verschiedenheit die Erfahrung jener anderen Länder dazu ermutige, ein ähnliches System für Indien einzuführen.

Soviel aus den Akten, deren interessanter Text hier natürlich in seinem ganzen Umfang nicht wiedergegeben werden kann. Das Gesagte reicht aber hin, um deutlich zu machen, zu welchem Schluß allgemeiner Natur der Gedankengang hinleitet. Wie so oft in der Welt hat die Notwendigkeit einen Weg gezeigt, der sich als gangbar bewährt. Aus der Not ist eine Art Tugend geworden. Die Unmöglichkeit, sich großer

Vorräte an Silber rasch im Austausch gegen Gold zu entledigen, hat an der Hand der Praxis dargethan, was des Näheren in dem vorangehenden Text theoretisch begründet ist, daß das Bedürfnis an vollwertigem Goldgelde sich durchaus nicht deckt mit den im Verkehr umgesetzten Zahlungsmitteln. Wenn nur Gold genug vorhanden ist, um eintretenden Falles Schulden ans Ausland mit Gold berichtigen zu können, weil die Nationen untereinander ihre Ausgleichungen nur mittelst Gold besorgen, so ist vorerst das dringendste Bedürfniß befriedigt. Allerdings kommt, um den Ansprüchen der Kultur nach vollkommener Bequemlichkeit und Sicherheit zu entsprechen, doch noch ein Bedürfnis nach goldenem Taschengeld hinzu. Aber auch letzteres haben unter der Not des Uebergangsstadiums viele große Länder zu ersetzen gelernt und zwar durch mit Metall gedeckte Noten. Im ganz korrekten Zustand, wie er von England repräsentirt ist, besteht diese Deckung allerdings nur aus Gold; in den minder fertigen Münzverfassungen hat man sich begnügt, diese Deckung teilweise in Silber zu bewahren. Aber es wäre ein Irrtum, zu glauben, die Brauchbarkeit dieser Noten oder anderer papierner Geldzeichen beruhe darauf, daß das Publikum, welches sich ihrer vertrauensvoll bedient, dabei von dem Gedanken ausgehe, es könne zur Not für sein Papier Silber eintauschen. Daran denkt kein Mensch, weil niemand mehr Silber in großen Beträgen als Geld zu verwenden gedenkt. In Wahrheit beruht die Brauchbarkeit solcher papierner Geldzeichen, soweit sie mit Silber gedeckt sind, auf der bloßen Fiktion. Da niemals daran gedacht wird, sie gegen Silber einzuwechseln, wäre es gerade so gut, wenn das Silber, welches als Deckung dafür aufbewahrt wird, gar nicht existirte. Um die Sache an einem Beispiel klar zu machen, sei auf das verwiesen, was im vorausgehenden Text (Seite 39) über den Barschatz der deutschen Reichsbank gesagt ist. Die annähernd zweihundert Millionen Mark in Thalern, welche nach ihrem vollen Nennwert mit als Deckung für die umlaufenden Noten verrechnet werden, stellen heute einen wirklichen Wert von beiläufig nur hundert Millionen dar. Aber auch wenn sie gar nichts wert würden, könnte die Bank gerade so viel Noten im Umlauf haben, als sie in den letzten Jahren gehabt hat. Denn es ist ausgemacht, daß, wenn der Barvorrat einmal auf die unterste Grenze dieser zweihundert Millionen herabkäme, die Funktionen der Bank überhaupt ins Stocken geraten wären, und daß man sie, wenn sie Silberzahlung aufzwingen wollte, für zahlungsunfähig erklären würde. Daher wird sie auch immer dafür sorgen, daß lange, ehe der Barvorrat auf ein so niedriges Maß herabgeschmolzen, Sicherheitsmaßregeln zur Erhaltung eines genügenden Umlaufs in Gold getroffen werden. Ein Aehnliches ließe sich nachweisen bei der französichen Bank. Auch sie, obzwar auf anderen Statuten beruhend, als die deutsche Reichsbank, denkt nicht daran, ihren Goldvorrath von beiläufig siebenzehnhundert Millionen Franken erschöpfen zu lassen, so daß sie zu der untersten Deckung, die aus zwölfhundert Millionen Silber besteht, greifen müßte. Man ersieht hieraus: die Funktion dieser ergänzenden Silberdeckung besteht nicht darin, daß sie im Ernstfall zu praktischem Gebrauch dienen soll. Sie hat nur die praktische Wirkung, die Vorstellung der Menschen zu beherrschen und ihnen ein Vertrauen einzuflößen, dessen sie nach überlieferten Anschauungen bedürfen. Man könnte die Sache vergleichen mit einer Waffe, die als Drohung verwendet wird, ohne als wirkliches Mordwerkzeug dienen zu können, einem Schwert in der Scheide mit nur scheinbar brauchbarer Klinge, oder einem blind geladenen Revolver. Wie diese Waffen Schrecken einjagen können, so dienen jene fiktiven Deckungsmittel dazu, Vertrauen einzuflößen, in Wirklichkeit käme man ohne sie eben so weit;

aber sie dienen dazu, eine noch nicht an die neue Gestaltung der Dinge gewöhnte Anschauungsweise bei derselben zu beruhigen. In Indien würde dies um so leichter durchzuführen sein, weil die Bevölkerung mit dem Silber als vollwertigem Zahlungsmittel aufs innigste vertraut ist, und deswegen daran, daß es künftighin einen Bruchteil fiktiven Wertzuschlages erhalten soll, weniger Anstoß nehmen wird, als Bevölkerungen, denen man zumutet, sich mit Zetteln vertraut zu machen, deren Wert durch Silber gedeckt ist. Darum legt der indische Vorschlag in seinen Motiven auch Wert darauf, daß er nicht daran denke, den massenhaften Verbrauch von Silberrupien im Verkehr zu beseitigen; im Gegenteil, er behält sich vor, nach Umständen denselben zu vermehren. Wenn er auch damit auf dem richtigen Wege ist, so zeigt doch die Erfahrung, daß Bevölkerungen, die weniger mit altem Brauch verwachsen sind, wie namentlich die Amerikas, auch den papiernen Zeichen zum Austausch innerhalb ihrer Landesgrenzen rasch Vertrauen schenken lernen, ja im täglichen Leben ihnen den Vorzug vor dem Golde geben. Der große Nutzen, welchen die Fiktion hier der Wirklichkeit leistet, besteht darin, daß derjenige Theil von Bardeckungen, welcher, obgleich aus unterwertigem Silber bestehend, in der Ausgabe von Noten der Banken als vollwertig veranschlagt werden darf, den letzteren eine größere Elastizität in der Ausgabe von Noten gewährt und damit herabmindernd auf den Durchschnitt des landläufigen Zinsfußes wirkt.*)

*) Der oben entwickelte Grundgedanke ist schon früher aufgetaucht. Anhänger des Silbers haben darauf hingewiesen, daß die Bevölkerung im Innern eines Landes sich mit Silber behelfen könnte, oder mit durch Silber gedeckte Noten, wenn sie nur Gold parat hielte, für die Ausgleichung mit fremden Ländern. Auf der Brüsseler Münzkonferenz haben die Vertreter Hollands, die Herren van den Berg und Boissevain unter Hinweis auf den Zustand ihres Landes ein solches Prinzip

Eine derartige Geldverfassung kann allerdings nicht als die vollkommene angesehen werden. Denn von zwei Dingen eines: entweder sind für zureichende Deckung von Noten Vorräthe vollwertigen Geldes (heute nur Gold) in solchem Maßstab notwendig, wie nach der Ueberlieferung die Praxis oder die Gesetzgebung des Bankwesens sie vorschreibt, beispielsweise die Drittelsdeckung; oder dieses Maß kann herabgesetzt werden, und dann hat man nicht nötig, die Fiktion der Vollwertigkeit durch eine zusätzliche Bardeckung in Silber aufrechtzuerhalten, sondern kann einfach auf diesen Zusatz verzichten. Allein in der Welt der Thatsachen lassen sich die Dinge nicht nach so geraden Linien regeln; auch hier gilt es, Kompromisse zu schließen, und ein solches Kompromiß haben Not und Instinkt in Gestalt der hinkenden Währung herbeigeführt, welche nunmehr nach Eintritt des großen indischen Ereignisses nahezu in der ganzen Welt den unvermeidlich gestürzten ehemaligen Mitweltbeherrscher Silber durch eine Interimsregierung bis auf Weiteres schlecht und recht zu ersetzen bestimmt ist. Ein ähnliches Bild hat der Verfasser des dieser Schrift beigegebenen Anhangs, de Foville, gebraucht, indem er das jetzt noch funktionirende Silber mit einem Ministerium vergleicht, welches seine Demission eingereicht hat, aber seine Amtsgeschäfte noch wahrnimmt, bis der Nachfolger eingetreten ist. Wann und wie dieser Nachfolger, das Gold, im ganzen Bereich der großen Verkehrswelt im vollen Maß die Geschäfte übernehmen wird, ist eine Frage der Zeit. Die Möglichkeit dazu wird von zwei sich begegnenden Bewegungen hergestellt werden. Von der einen Seite wird die wieder im Wachsen

als ein definitives empfohlen. Aber es versteht sich von selbst, daß ein Vorschlag ganz anders beurtheilt werden muß, wenn er dazu dienen soll, aus einem unvollkommenen in einen vollkommenen Zustand hinüberzuführen, als wenn er bezweckt, einen unvollkommenen Zustand zu verewigen oder sogar wieder heraufzurufen.

begriffene Gewinnung von Goldmetall, von der anderen Seite wird in noch höherem Maß die aus der Lebensweise des Interims gewonnene Einsicht dahin wirken, daß die jetzt nur kraft der Fiktion brauchbare, zusätzliche, aus Silber bestehende Deckung papierner Umlaufsmittel mit Verzicht auf die Fiktion verschwinden kann.

Noch eins bleibt zu bemerken. Die Thatsache, daß Silbermünzen von höherem Betrag, die man früher als Scheidemünze nicht anzusehen sich erlauben durfte, als minderwertiges Geld in Umlauf bleiben, wie beispielsweise unser deutscher Thaler oder das Fünffrankenstück, findet ihre Legitimation darin, daß nach heutigen Begriffen diese Beträge von drei Mark oder fünf Franken weniger imposant geworden sind, als ehedem. Sie werden im praktischen Leben schon als Scheidemünze behandelt, uud darum verlangt auch das Bewußtsein des Publikums nicht, daß ihr Gehalt an Edelmetall dem Nennwert entspreche. Was die Praxis der Jahrhunderte zu Gunsten der kleinen Münzen aus Kupfer, Bronze oder starklegirtem Silber (Billon) sanktionirt hat, das hat die neuere Zeit angefangen, auch für die größeren Silberstücke, welche ja längst einen großen Theil ihres inneren Wertes verloren haben, zu sanktionieren. Auch sie sind nur Teilungsmünzen geworden.

Sir David Barbour, das Mitglied der indischen Regierung für deren finanzielle Angelegenheiten, welcher von Indien aus am meisten auf die Herbeiführung der großen Maßregel hingewirkt hat, obgleich er im Prinzip ein warmer Anhänger der internationalen Doppelwährung ist, sagt in seinem Berichte vom 21. Juni 1892: ein Land, welches, wie Indien, an einer stets sinkenden Währung leide, thue viel besser, aus dieser heraus sich in den Zustand einer hinkenden Währung zu begeben; und an einer gleich darauf folgenden Stelle spricht er sich dahin aus, man möge nicht glauben, daß demnächst Indien nun ungemessene Goldquantitäten brauchen werde. Mit dem fünften Teil des Betrages, auf den man das dortige Silbergeld schätze, werde man Gold genug haben.

Hier ist die Quintessenz der oben auseinander gesetzten Charakteristik der ganzen Sache. Die hinkende ist nicht die beste aller Währungen, aber sie ist besser als die reine Silber- oder die Doppelwährung, und sie ist der richtige Weg zur späteren Goldwährung. Was aber für die Länder mit unvollkommener Währung notwendig und nützlich ist, paßt natürlich nicht auf die, welche den Uebergang bereits überwunden haben. Müssen diese in Wahrheit sich glücklich preisen, daß sie bereits aus dem Uebergangsstadium herausgekommen und am jenseitigen besseren Ufer angelangt sind, so muß eine Zumutung geradezu als parador erscheinen, die ihnen ansinnt, sich in jenen Zustand der freien Silberprägung hineinzustürzen, der sie sogar noch hinter den der hinkenden Währung zurückführen würde.

Interlaken, 8. Juli 1893. L. B.

Anhang.

Zur Ergänzung des Vorstehenden sei im Anhang die Uebersetzung einer ausgezeichneten Arbeit geliefert, welche Herr A. de Foville im Economiste français, Nr. 15 und 19 dieses Jahres, über unseren Gegenstand veröffentlicht hat, und die hier mit seiner Ermächtigung erscheint. Sie berührt in Kürze die wichtigsten im Vorstehenden behandelten Fragen und ist um so mehr geeignet, die vom deutschen Standpunkte aus gegebenen Auseinandersetzungen zu ergänzen, als der Verfasser seiner Stellung und Aufgabe nach darauf hingewiesen war, vor allem die ganz anders gearteten französischen Zustände zu Grunde zu legen. Selbst der Umstand, daß er in einigen minder wichtigen Punkten abweichender Meinung ist, kann das Gewicht seines Urteils nur vermehren, und endlich wird es seiner weltbekannten hohen Autorität auch besonders zu statten kommen müssen, daß er nicht nur der erste Münzstatistiker Frankreichs ist, sondern auch in seiner Eigenschaft als hoher Beamter im Finanzministerium sein Land auf der letzten Brüsseler Konferenz mit vertreten hat. Die Zusammenstellung des statistischen Materials dient zugleich als Beleg der vorausgegangenen Angaben.

Silber und Gold.

Es sind nun schon ungefähr 20 Jahre, daß jene durch die Wertverminderung des Silbers hervorgerufene Bewegung im Münzwesen andauert, welche so weit auseinandergehende Meinungen und so entgegengesetzte Interessen gegen einander ins Feld geführt hat und noch immer führt. Alles was man zur Stütze der einen oder anderen Anschauung sagen konnte, hat man schon längst gesagt, und auch die Brüsseler Konferenz hat keine verborgenen Beweisgründe zu Tage treten sehen. Man hat dort schöne Reden und geschickte Plaidoyers gehalten; aber im Grunde hat man darin kaum einen oder zwei neue Gedanken entdecken können. Unter diesen Umständen werden wir uns wohl hüten, nochmals an dieser Stelle in eine prinzipielle Erörterung über die Vorzüge des Monometallismus und des Bimetallismus einzutreten. Bei dem gegenwärtigen Stande der Dinge kann die Wiedereinsetzung des Silbergeldes als einer vollwertigen Münze auf der früheren Grundlage nur noch ein Traum sein, und der nächste Dienst, der diesem Metall zu erweisen wäre, bestände darin, ihm ohne Verzug neue Absatzwege zu suchen, indem man seinen Umsatz im Handel und seine Verwendung in der Industrie begünstigte. Gewisse internationale Vereinbarungen würden dazu wirksam beitragen. Die Brüsseler Konferenz ist nahe daran gewesen, diesen Weg zu wählen, und die Handelswelt hat sie dazu ermutigt. Vielleicht wird man darauf zurückkommen. In diesem Falle wäre es von Wichtigkeit, daß man über die thatsächliche Bewegung der Produktion von Gold und Silber genau unterrichtet bliebe, denn eben diese ist jedes Jahr eine andere; und mehr als eine Voraussage, welche von vornherein von ihrer Richtigkeit überzeugt zu sein schien, hat schon formelle Dementis erfahren.

Sehen wir also zu, was uns die Statistik der Edelmetalle lehrt, und worum wir sie noch etwa zu befragen hätten.

Diese Spezialstatistik hat sich lange Zeit verkörpert in der Person eines gelehrten Publizisten jenseits des Rheins. Der Tod hat vor einigen Monaten Adolf Soetbeer die Feder aus der Hand genommen, und es scheint nicht, daß er in Deutschland einen Nachfolger gefunden hat, so wenig als in Frankreich. Glücklicherweise bleibt uns die Münzdirektion der Vereinigten Staaten, welche schon seit einer bestimmten Reihe von Jahren sich darauf vorbereitete, die Fortsetzung der Arbeit von Dr. Soetbeer in die Hand zu nehmen. Der gegenwärtige Direktor, E. O. Leech, hat den Informations- und Nachrichtendienst, welchen seine Vorgänger eingerichtet hatten, noch weiter beschleunigt und vervollkommnet, und wir müssen ihm alle Dank wissen für die Schnelligkeit, womit er die Berichte, welche die verschiedenen Staaten ihm zur Verfügung stellen, einheitlich zusammenfaßt, um sie den Interessenten zugänglich zu machen. Soetbeer wird unser Führer bleiben, wenn es sich um die Vergangenheit handelt; für die Gegenwart und Zukunft werden wir uns nach Washington wenden.

Die Geschichte der Edelmetalle bis zu dem Punkte, wohin sie jetzt gelangt ist, teilt sich auf ziemlich natürliche Weise in vier im übrigen sehr ungleiche Perioden. Die erste Periode endigt mit dem Mittelalter: sie interessiert höchstens die Fachgelehrten. Die zweite Periode beginnt mit der Entdeckung Amerikas und hört auf in dem Augenblick, wo die californischen und australischen Minen mit in die Reihe treten. Die Grenzen der dritten Periode können zwischen 1850 und 1875 gelegt werden: sie würden also gerade ein Vierteljahrhundert umfassen. Und die vierte Periode ist diejenige, welche seit bald zwanzig Jahren charakterisiert wird durch ein wachsendes Mißverhältnis zwischen dem Wert des Goldes und dem des Silbers.

Werfen wir schnell einen Blick auf die Zeiten, welche der unsrigen vorangegangen sind. Im Jahre 1492 war Europa so arm geworden an Edelmetallen, daß man absehen kann von dem, was ihm noch übrig blieb, (kaum eine Milliarde nach den glaubwürdigsten Gewährsleuten.) Von 1493 bis 1875 hat die Produktion kaum aufgehört zu wachsen, aber namentlich um die Mitte unseres Jahrhunderts hat sie in überraschender Weise einen unerwarteten Aufschwung genommen.

Folgendes sind die auf einander folgenden Durchschnittsziffern, auf welche die Berechnungen Alexander v. Humboldts geführt haben, die von Soetbeer geprüft und fortgesetzt wurden.

Gesamtproduktion an Silber und Gold
von 1493 bis 1875.
(Jahresdurchschnitt.)

Von 1493 bis 1660.	Gold Kilogramm.	Silber Kilogramm.	Gesamtwert Millionen Francs.
1493—1520	5.800	47.000	30.4
1521—1544	7.160	90.200	44.7
1545—1560	8.510	311.600	98.6
1561—1580	6.840	299.500	90.2
1581—1600	7.380	418.900	118.6
1601—1620	8.520	422.900	123.4
1621—1640	8.300	393.600	116.1
1641—1660	8.770	366.300	111.6

welche das Gesetz im Münzwesen für allmächtig halten. So viel ist sicher, daß die Brücke, welche unsere Vorfahren im Germinal des Jahres XI zwischen Gold und Silber geschlagen hatten, ziemlich harten Proben nach 1850 widerstanden hat; aber da zwanzig Jahre später diese Brücke eingestürzt ist und nur noch die Pfeiler davon übrig sind, so haben heute die Lobreden ihrer Bewunderer keinen anderen Wert mehr als den von Leichenreden.

Und man mache nicht Frankreich oder den lateinischen Bund für dieses Ereignis verantwortlich, denn die Thatsachen sind vorhanden, um dagegen zu protestieren: nicht weil wir die freie Thalerprägung suspendierten, ist das Silber gefallen, sondern weil das Silber gefallen ist, sind wir gezwungen worden, eine der beiden Einlaßpforten unserer Münze allmählich vor dem Ansturm der Spekulation zu schließen. Die ersten Maßregeln datieren vom Jahre 1874 und im August des Jahres 1876 ist das Verbot allgemein geworden. Das Silber notierte eben damals 47 Pence für die Unze Standard, was einen Niedergang von dreißig Prozent bedeutete. Die vom lateinischen Bunde getroffenen Entscheidungen hinderten nicht, daß der Kurs im Januar 1877 wieder auf $58^1/_4$ stieg; und erst im Jahre 1885 findet man wieder einen gleichen Niedergang, der dann denjenigen von 1876 noch übertraf, bis auf die heutigen Kurse, welche nicht einmal mehr 40 Pence erreichen. Daß dieser Preissturz zum Teil eine Folge der gesetzlichen Maßregeln ist, welche auf verschiedenen Seiten die Verwendung des Silbers als Geld eingeschränkt haben, fällt uns nicht ein zu bestreiten. Aber man muß auch hervorheben, daß infolge eines Zusammentreffens, welches viel weniger providentiell erscheint, als das von Gladstone hervorgehobene, man uns jetzt dieses Metall um so mehr anbietet, je mehr wir es zurückweisen. Das geht klar hervor aus der nachfolgenden Tabelle, welche über die endgültigen oder vorläufigen Aufstellungen der Münzdirektion der Vereinigten Staaten für die siebzehn letzten Jahre eine Uebersicht giebt:

Gesamtproduktion an Gold und Silber von 1876 bis 1892.

	Gold.	Silber.	
	Münz- und Handelswert.	Münzwert in Amerika.	Handelswert nach dem mittleren Jahreskurs.
Jahre.	Millionen Francs.	Millionen Francs.	Millionen Francs.
1876	537.3	453.9	405.8
1877	590.6	419.7	389.8
1878	616.6 (max.)	492.2	438.6
1879	564.8	497.4	432.0
1880	551.8	501.0	443.7
1881	533.7	528.5	465.2
1882	528.5	611.4	509.0
1883	494.3 (min.)	597.4	512.9
1884	526.9	546.6	470.6
1885	561.7	614.0	505.5
1886	549.2	624.9	480.7
1887	547.7	643.9	487.2
1888	570 5	729.0	530.0
1889	639.8	840.2	607.6
1890	587.1	892.4	724.7
1891	624.4	967.5	739.3
1892	677.8 (max.)	1,018.7	689.4
Summen	9,702.8	10,978.7	8,832.0

Es sei bemerkt, daß Herr Leech, welcher 664 Dollars 60 Cents für ein Kilogramm feinen Goldes rechnet, nur 41 Dollars 56 Cents für ein Kilogramm feinen Silbers in Ansatz bringt, unter Berücksichtigung, daß Gold nach dem amerikanischen Gesetze sechzehnmal so viel wert ist wie Silber und nicht $15^1/_2$ mal so viel wie im französischen System. Es folgt daraus, daß in obiger Tabelle die Ziffern der vorletzten Reihe um drei Prozent erhöht werden müßten, um ganz auf gleichen Fuß mit den von Dr. Soetbeer stammenden gebracht zu werden.

Nach dieser Berichtigung würde sich die Gesamtproduktion der vier verflossenen Jahrhunderte von 1493 bis 1892 einschließlich folgendermaßen beziffern:

Gold . . .	$42^1/_4$	Milliard.	(32,573 + 9,703 Million.)
Silber . . .	$51^1/_2$	Milliard.	(40,127 + 11,308 Million.)
Silber u. Gold	$93^3/_4$	Milliard.	(72,700 + 21,011 Million.)

Die Frage, ob von diesen 94 Milliarden Gold und Silber nach französischem Münzwert noch 40, 50 oder 60 in der civilisierten Welt übrig sind, ist beinahe unlösbar und wir werden uns hier nicht dabei aufhalten.

Richten wir dagegen unsere Aufmerksamkeit auf das rapide Anwachsen der Produktion des weißen Metalls seit einem Viertel- oder Drittel Jahrhundert. Von 200 Millionen Francs um das Jahr 1862 sehen wir sie auf 400 oder 450 Millionen um das Jahr 1872 steigen, auf 600 Millionen ums Jahr 1882 und auf mehr als eine Milliarde im Jahre 1892 (1020 Millionen nach amerikanischem, 1050 Millionen nach französischem Münzwert)!

Das ist die entscheidende Thatsache, welche alle anderen beherrscht. Das Silber strömt herbei und überflutet den Markt. Die Minen, aus welchen man es allein oder in Verbindung mit einem anderen Metall gewinnt, wachsen zugleich an Zahl und an Mächtigkeit. Und diese rapide Entwickelung ist um so bezeichnender, als man meinen sollte, die Wertverminderung des Produkts müßte die Ausbeutung der Lager verlangsamen. Wenn Preise, die zwischen 37 und 39 Pence die Unze schwanken, noch immer innerhalb eines Jahres nahe an 5 Millionen Kilogramm feinen Silbers aus der Erde hervorlocken, was würde dann erst geschehen an dem Tage, wo die Kurse wieder 60 pCt. hinaufgingen und den Parikurs erreichten?

Spitzfindige Dialektiker haben in Brüssel wirklich versichert, daß grade das Herabgehen der Kurse die Thätigkeit der Produzenten übermäßig steigere. Man ging nicht so weit, uns zu sagen, daß, wenn sie ein wenig an jedem Barren verlören, sie sich an der Menge schadlos zu halten suchten; aber man versicherte uns, daß die Ausbeutung da unten nur lohnend bleiben könne unter der Bedingung, daß sie immer intensiver werde. Und, sagte man, die Arbeit ist besonders angetrieben worden im Jahre 1891, weil in Washington davon die Rede war, auf das System der pflichtmäßigen Ankäufe zu verzichten, und weil die Interessenten von diesem wichtigen Vorgang ein neues Sinken der Kurse befürchteten. „Uebrigens", fügten die amerikanischen Delegierten hinzu, hat der Rückgang schon begonnen, und das Jahr 1892 wird eine geringere Produktion zu verzeichnen haben als die vorhergehenden Jahre. In den Vereinigten Staaten bemerkt man in der That im Jahre 1892 einen kleinen Rückgang: 10 000 Kilogramm weniger auf 1 800 000. Die Ausbeutung hat sich sehr merkbar verlangsamt in Nevada, dessen gute Tage, wie es scheint, vorüber sind, in Idaho und in Utah. Aber sie wächst schneller in den weiten Gebieten von Montana und Colorado. Ferner, wenn die Vereinigten Staaten dem Markte etwas weniger Silber liefern, so machen dafür die andern Länder so große Fortschritte, daß, wenn alle Ausgleichungen gemacht sind, die Ziffer von 1892 die von 1891 noch um mehr als 50 Millionen

Francs übertrifft. Es ist wahrscheinlich, daß in den Silberminen wie anderwärts die Steigerung der Löhne mehr als ausgeglichen wird durch die Vervollkommnung der Maschinen und der technischen Verfahrungsweisen. Die Herstellungskosten gehen unter Mitwirkung des Niederganges des Zinsfußes allmählich zurück, und sogar bei einem Preise von 150, 140, 130 Francs das Kilogramm fein kommt eine einigermaßen reichhaltige Mine doch immer noch auf ihre Kosten. Welches Kunststück wäre es also unter diesen Umständen, ein Metall auf den Paristand zurückzuführen, das immer weniger verlangt und immer mehr angeboten wird!

Wir wissen wohl, daß man sich die Frage vorgelegt hat, ob es kein Mittel gäbe, die Produktion, sei es zwangsweise oder freiwillig, einzuschränken. Die heikle Frage der Expropriation oder der staatlichen Bevormundung des Betriebs der Silberminen ist in Brüssel aufgeworfen worden. Als Amerika Europa ersuchte, ihm mehr Barren abzukaufen, antwortete letzteres, Amerika solle nicht so viele auf einmal aus seinen Bergen herauskommen lassen. Aber in diesem Punkte stießen sich die Apostel des Monopols an einer formalen Schranke, die dasselbe für sie unannehmbar machte. Die Vereinigten Staaten sagen: „Unsere Verfassung gewährleistet den Minengesellschaften jede Bewegungsfreiheit." Mexiko sagte: „Weit entfernt von dem Gedanken, der Ausbeutung Hindernisse in den Weg zu legen, ermutigen wir sie nach besten Kräften, und wir haben sogar in dieser Rücksicht Nachlaß an Steuern zugestanden, welchen wir nicht zurücknehmen werden."

Es bliebe also nur der Vorschlag einer freiwilligen gleichzeitigen Verlangsamung der Arbeit an allen silbererzeugenden Hauptpunkten. In der Zeit der Syndikate, in der wir leben, wäre das keine Neuerung, die ohne

Präzedenzfall wäre. Und sehr viele Interessen würden dabei ihre Rechnung finden. Warum diese Metalladern so schnell ausleeren, deren Ende man früher oder später doch sehen wird? Wenn man durch Verminderung der jährlichen Produktion um ein Viertel die Preise um ein Drittel heben könnte, so würden die Minen dabei in der Gegenwart nichts verlieren und, was die Zukunft anbetrifft, so ist es klar, daß sie da gewinnen würden. Aber wird man wohl dahin gelangen, selbst mit Hilfe des Eingreifens und der Aufsicht der Regierungen, so viele verschiedenartige Unternehmungen, die nach allen vier Richtungen der Erde zerstreut sind, zur Annahme dieses leitenden Grundsatzes zu bringen? Es wird erlaubt sein, daran zu zweifeln.

In jedem Falle ist es das Beste, die Dinge zu sehen, wie sie sind.

Das Silber verdient heute nur noch zur Hälfte den Namen eines Edelmetalles. Es ist ein heruntergekommenes Metall und es wird sein Gleichgewicht nur wiederfinden wenn es im Stande ist, oder vielmehr wenn wir im Stande sind, ihm, ohne zu lange zu warten, andere Absatzwege zu verschaffen, als diejenigen sind, welche heute seine Rolle als Münze zuläßt.

Indessen, sagen wohlmeinende Leute, es ist Mangel an Gold vorhanden, und wenn dieser Mangel zugegeben wird, so ist es nötig, daß das Silber zu Hilfe eile und die Preise hindere, endgiltig im Niedergang zu bleiben.

Die Interessen, welche der Niedergang des weißen Metalls schädigt oder beunruhigt, bilden zum mindesten vier verschiedene Gruppen.

Die erste Gruppe, weniger zahlreich als die anderen, aber mehr in direkter Weise betroffen, ist die der Besitzer von Silberminen. Da sich nach dem Preis der Barren sowohl ihr Einkommen als ihr Kapital bemißt, so streben sie ungeduldig nach einer Steigerung der Kurse; und die allgemeine Politik der silbererzeugenden Länder läßt sich gern von demselben Gesichtspunkt beeinflussen. Die Delegierten Mexikos in Brüssel machten sich eine Ehre aus ihrer Fürsorge für eine Industrie, welche in ihrer Heimat allen anderen voransteht. Die Delegierten der Vereinigten Staaten andererseits verwahrten sich dagegen, daß sie, indem sie den allgemeinen Bimetallismus befürworteten, an die Produzenten dächten; und man muß anerkennen, daß ihre Beweisführung nicht ohne Gewicht war. Sie sagten: „Der Gesamtwert der Producte unserer Landwirtschaft, unserer Industrie, unserer Minen und unserer Wälder beträgt etwa 13 Milliarden Dollars (67 Milliarden Francs,) während unsere Silberproduction nur 50 Millionen Dollars beträgt. Was bedeutet denn unser Silber im Vergleich zu unserem Eisen (150 Millionen Dollars,) unserer Steinkohle (170 Mill. Dollars,) unserer Baumwolle (300 Mill. Dollars,) unseres Hafers (230 Millionen Dollars,) unseres Getreides (500 Millionen Dollars,) unseres Mais (836 Millionen Dollars im Jahre 1891)?" *) Schön! belästigen wir nicht mit unserem Beileid die Opfer, welche sich so in ihr Schicksal ergeben erweisen, und die so vortreffliche Gründe dafür haben.

Nach den Produzenten kommen die Besitzer des entwerteten Metalls. An den 200 oder 250 Millionen Kilogramm, welche die Gesamtproduction der Silberminen seit 400 Jahren darstellen, fehlt alles, was das Abreiben, alles was Schiffbrüche, Feuersbrünste, industrieller oder

---

*) Man vergleiche in den Protokollen der Brüsseler Münzkonferenz die Rede von Mac-Creary S. 105, und auch die Rede von Jones S. 353.

anderweitiger Verbrauch endgiltig beseitigt haben; aber der Rest ist nicht zu verachten. Frankreich z. B. besitzt in Form von gemünzten Geldstücken und Silbergeschirr für mehrere Milliarden Silber, und wenn man infolgedessen unsere Verluste zu schätzen versucht, so kommt man dahin, sie mit hunderten und aber hunderten von Millionen zu beziffern. Indessen, so lange der gegenwärtige Stand der Dinge aufrecht erhalten bleibt, wird das nur, so zu sagen, ein in der Idee vorhandener Verlust sein, und das Gleichgewicht keines Budgets, sei es ein Staats- oder Privatbudget, wird dadurch gestört werden.

In der dritten Gruppe ist es die Störung der internationalen Beziehungen, über die man sich vor allem beklagt. Zwischen den Staaten mit gelbem und denen mit weißem Geld ist die Regelung von Zahlungen schwierig und unsicher geworden. In dem Maße, als der Unterschied zwischen dem Werte des Goldes und dem des Silbers wächst, entsteht daraus ein wachsender Schaden für diejenigen, welche Zahlungen vom Orient nach dem Occident hin zu leisten haben. Die indische Regierung, welche Schuldnerin Englands ist, sieht das Gewicht ihrer auswärtigen Verpflichtungen mit jedem neuen Sturze des Kurses schwerer werden, und ihre Finanzen gehen thatsächlich bergab.*) Die englischen Offiziere und Beamten, welche ihre Ersparnisse von Calcutta oder Bombay nach London

*) Man vergleiche den Budgetentwurf, der jüngst am 23. März im Gesetzgebenden Rat von Calcutta von Sir David Barbour vorgelegt wurde. „Unsere finanzielle Lage,“ sagte dieser Staatsmann „ist dem Kurse auf Gnade und Ungnade überliefert: ein neuer Niedergang um einen Penny würde ein Deficit von dreißig Millionen Rupien über uns verhängen, ein Steigen um den gleichen Betrag würde die bestehenden Schwierigkeiten beseitigen.“

hin schaffen, sehen sie unterwegs an der Sonne schmelzen, und da man ihnen bis jetzt die Vermehrung ihrer Bezüge verweigert hat, welche allein diesen Rechnungsfehler ausgleichen könnte, so sind sie unzufrieden. Die Lage ist nicht besser für die europäischen Kapitalisten, welche in Tonkin oder in China industrielle Unternehmungen gegründet und nachdem sie 60 oder 50 Pence für das Silber bezahlt haben, das sie dort hin trugen, Silber im Werte von nicht mehr als 38 oder 39 Pence wieder einkassieren. Der asiatische Producent und der Händler, welcher ihm seine Produkte abkauft, um sie nach Liverpool oder Lyon zu führen, haben nicht dieselben Sorgen; aber dafür haben sie andere, und man kann sich die Entmutigung des französischen Seidenfabrikanten erklären, wenn er, noch bevor die Ladung, welche er erwartet, den Kanal von Suez passiert hat, sich einem Verluste gegenübersieht, weil der Kurs der Seide und der Kurs der Rupie wieder in gleicher Richtung zurückgegangen sind.

Die vierte Gruppe wäre die zahlreichste von allen, wenigstens bei uns, wenn es wahr wäre, daß unsere ganze Landwirtschaft dazu gehören müßte und ebenso unsere Industrie. Hier handelt es sich nicht mehr bloß um die indirekte Prämie, mit welcher der Kurs die fremdländischen Produkte zu begünstigen im Stande ist, Nahrungsmittel, Textil- oder andere Waren, welche aus Ländern mit Silbergeld kommen. Dieser Gefahr haben die Tarife vom 12. Januar 1892 hinreichend vorgebeugt. Es handelt sich vielmehr um jenen allgemeinen Niedergang der Warenpreise, der, wie man sagt, lediglich die notwendige Rückwirkung eines wirklichen Mehrwertes des Goldes ist, mit welchem wir die Waren bezahlen. Und warum dieser Mehrwert des Goldes, diese „appreciaton of gold“, wie die Engländer sagen?

Weil in den civilisierten Ländern Mangel an Gold sei, seitdem das Gold allein die Funktion des Geldes in ihrem ganzen Umfange auszuüben berufen ist. Da das Silber als Wertmaß in Ruhestand versetzt sei, so hätte das Gold doppelte Arbeit und wäre dafür nicht ausreichend vorhanden. Daher rühre sein höherer Wert; und deshalb könnte man heute das Pfund Sterling oder das Zwanzig-Francs-Stück gegen mehr Getreide, mehr Fleisch, mehr Baumwolle, Wolle, Eisen, Zucker oder mehr Alkohol eintauschen als früher; deshalb, mit anderen Worten, seien die Preise gesunken.

Das ist die Beweisführung, auf ihre wesentlichen Punkte zurückgeführt; und sie hört sich ziemlich gut an. Die Virtuosen des Bimetallismus haben es übrigens verstanden, dieses Lieblingsthema mit häufig eleganten Variationen auszuschmücken, und da eben ihr Schlußsatz lautet, daß ein Gesetz oder eine Münzkonvention genügen würde, um gleichzeitig mit der Wiedereinsetzung des Silbers die Preissteigerung des Korns, der Weine, der Rüben, des Raps, der Baumwolle, der Wolle, des Viehs u. dgl. zu sichern, so ist es ganz natürlich, daß in Frankreich, in England, in Deutschland viele Landwirte gläubig denen Beifall klatschen, welche die Sache so darstellen. Offenbar kann unter gewissen Umständen der Rückgang der Preise die natürliche Folge der zunehmenden Seltenheit des Zahlungsmittels sein. Aber befinden wir uns wohl gegenwärtig dieser Wirkung und dieser Ursache gegenüber? Unsere Zweifel in dieser Beziehung richten sich gleichzeitig auf drei wesentliche Punkte:

1. Ist es wahr, daß der Rückgang der Preise unumschränkt und allgemein in der Welt herrsche?

2. Ist es wahr, daß Mangel an Gold und infolge-

dessen eine thatsächliche Verteuerung der Münzeinheit des Occidents besteht?

3 Könnte der Preisrückgang in der Zeit, in der wir leben, nicht auf andere Weise erklärt werden als durch die Verteuerung des Goldes?

Es würde in diesen drei Fragen Stoff für einen Band, um nicht zu sagen für drei Bände, vorhanden sein, aber da wir ihnen an dieser Stelle nur zweihundert Zeilen widmen können, so wird man sich nicht wundern, daß wir uns darauf beschränken, bei jedem Punkte die Gründe anzudeuten, die uns hindern, vorbehaltlos das Glaubensbekenntnis nachzubeten, welches die Jones und Boissevain, die Chaplin und Allard so geschickt in Musik setzen.

Zunächst handelt es sich also um den Rückgang der Preise. Er ist unbestreitbar, so weit es sich um Engrospreise vieler Rohstoffe handelt. Man kann sich eine Vorstellung davon machen nach den Zahlenangaben, den sogenannten Indexnummern der englischen Statistiker, trotz der etwas willkürlichen Auswahl der Waren, deren Durchschnittspreis sie enthalten. Die Zahlenangaben von Herrn Sauerbeck sind diejenigen, welche sich am besten für alle Berechnungen darbieten, denn sie lassen sich nach Belieben monatlich, quartalsweise, jährlich und für Dezennien ordnen.*)

Halten wir uns hier an die zehnjährigen Perioden,

---

*) Herr Sauerbeck hat am vergangenen 18. April in der Statistischen Gesellschaft zu London ein zweites Memorandum über die Preise (das erste wurde im Jahre 1886 veröffentlicht) vorgelesen, und er ist so freundlich gewesen, uns einen Abzug dieser gelehrten Arbeit zur Verfügung zu stellen, die erst später im Vierteljahrsbericht der Gesellschaft erscheint.

um die Ziffern zu sparen, und nehmen wir zuerst als Ausgangspunkt die älteste Angabe:

Zehnjährige Perioden.	Durchschnittsniveau der Preise.	Zehnjährige Perioden.	Durchschnittsniveau der Preise.
1818—1827	111	1858—1867	99
1828—1837	93	1868—1877	100
1838—1847	93	1878—1887	79
1848—1857	89	1888—1892	71

Stellen wir jetzt, um jede Täuschung zu vermeiden, denselben Vergleich von neuem an mit anderer Zeitbegrenzung:

Zehnjährige Perioden.	Durchschnittsniveau der Preise.	Zehnjährige Perioden.	Durchschnittsniveau der Preise.
1843—1852	82	1873—1882	93
1853—1862	99	1883—1892	72
1863—1872	101	Das Jahr 1892 allein	68

Diese Tabellen zeigen uns zunächst, daß während des dritten Viertels des 19. Jahrhunderts, wenigstens von 1853 bis 1877, das allgemeine Niveau der Preise, welche Herr Sauerbeck benutzte, sich nicht merklich verändert hatte. Da hierbei der mittlere Höhenstand durch die Zahl 100 dargestellt wird, so sieht man auch, daß seit fünfzehn Jahren der Weg um ungefähr dreißig Prozent bergab gegangen ist. Das ist keine Kleinigkeit.

Aber man muß die Tragweite dieser abstrakten Berechnungen nicht übertreiben, welche doch nur eine Seite der Wahrheit aufdecken. Wenn man den Maßstäben Glauben schenkte, welche wir eben wiedergegeben haben, so wäre das Leben heute viel billiger als vor 70 Jahren, und das wäre wahrlich eine Enthüllung, welche die achtzigjährigen Greise wohl überraschen dürfte. Für die letzten 20 Jahre vermindert sich sogar die Schätzung des Preisrückganges um mehr als die Hälfte in unserer Zollstatistik, wo die

Fabrikware mit den Rohprodukten vereinigt ist.*) Und ohne von den Detailpreisen zu sprechen, welche den Engrospreisen nur nachfolgen, wenn diese steigen, — hat nicht die Steigerung der Löhne und Gehälter in sehr vielen Beziehungen den Preisrückgang der Verbrauchsgegenstände ausgeglichen? Von allen Dingen, welche verkauft und gekauft werden, ist die menschliche Arbeit immer dasjenige, welches die größte Ziffer im Verkehrsleben darstellt, und sicherlich kann man vom Preise der Handarbeit aus nicht seine Schlüsse ziehen, um nachzuweisen, daß das Gold mehr wert sei als früher.

Was den Mangel an Gold anbetrifft, so muß man sich verständigen. Ohne Zweifel hat nicht jeder Gold, der es wünscht; aber das ist doch nichts Neues, und schon lange sehen die Regierungen wie die einzelnen Menschen ihre Kassen leer werden, wenn sie thuen, was dazu führen muß. Gäbe es auch noch zweimal mehr Gold, als es jetzt giebt, so würde dieses Metall darum doch nicht weniger selten sein für diejenigen, welche es nicht an sich zu ziehen und nicht festzuhalten wissen. Aber im Großen und Ganzen haben die europäischen Emissionsbanken niemals so viel Gold gehabt als gegenwärtig: mehr als sechs Milliarden am Ende des Jahres 1892 und ganz nahe an sechs Milliarden noch im Mai 1893 gegen 4½ Milliarden im Jahre 1888. Paris hat den Tag nicht vergessen (12. Januar 1893), an welchem die Bank von Frankreich,

---

*) So beläuft sich bei unseren Ausfuhrwaaren der Rückgang im Durchschnitt kaum auf zehn pCt. (9,6) von 1873 bis 1883 (Statistischer Bericht des Finanzministeriums für das Jahr 1885, erstes Halbjahr, Seite 348), während man mit den Zahlenangaben des Herrn Sauerbeck von 111 im Jahre 1873 auf 82 im Jahre 1883 zurückgeht.

um nicht die ihrer Notenzirkulation angewiesene Grenze zu überschreiten, bei ihren Zahlungen die blauen Banknoten durch Geldrollen von 20 Francs-Stücken ersetzen mußte, und nun ihre Klienten murrten, daß sie so viel Gold zu schleppen hätten. Heute besitzt die Bank von Frankreich ganz nahe an 1700 Millionen Gold, eine unerhörte Ziffer und das Publikum hat keinen Mangel daran. Nein, das Gold ist nicht selten geworden; und wie hätte das auch sein können, da immer weniger davon verloren geht und die Erdrinde immer mehr davon ausscheidet. Ja, wir wissen wohl, daß die Produktion sich vor zehn Jahren ein wenig verlangsamte: von mehr als 600 Millionen pro Jahr war sie auf eine halbe Milliarde zurückgegangen. Aber in demselben Augenblick, wo die Pessimisten anfingen sich zu beunruhigen darüber, daß sie den Paktolus so zurückgehen sahen, kündigte sich ein neues Steigen an, und wir häben schon den Gang desselben bezeichnet: von 494 Millionen im Jahre 1883 ist die Goldausbeute gestiegen auf 550 Millionen im Jahre 1886, auf 640 Millionen im Jahre 1889, auf 680 Millionen im Jahre 1892! Und sie wird bald 700 Millionen betragen, denn in Südafrika ist ein neues Californien erstanden, der Witwatersrandt, wo die Arbeit im guten Zuge ist.*) Die Gesellschaften, welche dasselbe ausbeuten, haben 23000 Unzen Gold im Jahre 1887 gewonnen, — das war der Anfang — 230000 im Jahre 1888, 383000 im Jahre 1889, 495000 im Jahre 1890, 729000 im Jahre 1891 und 1216000 im Jahre 1892, also für mehr als 109 Millionen Metall. Und das laufende Jahr kündigt sich an, als wenn es noch günstiger

---

*) Es sei an den interessanten Artikel erinnert, welchen Heor Ingenieur Bel über die Goldminen von Transvaal im „Economiste français“ vom 15. Oktober 1892 veröffentlichte.

werden sollte, denn das erste Vierteljahr von 1893 übertrifft schon das erste Vierteljahr von 1892 um 50000 Unzen. Wir wissen übrigens als unzweifelhaft, daß noch andere Minen eines Tages in demselben Gebiete eröffnet werden, da der Einspruch, welcher gegenwärtig ihre Ausbeute verhindert, nicht ewig fortbestehen kann.*) Kann man angesichts dieser beständigen und wachsenden Produktion wirklich von einem Mangel sprechen?

Der Mangel, erwidert man, rührt weniger von dem Nichtvorhandensein des Goldes, als von Aechtung des Silbers her. Wir erkennen an, daß eine gute Getreideernte morgen nicht hindern würde, daß der Hunger Europa dezimierte, wenn sonst nirgends mehr Korn wüchse. Aber ist denn das Silber, das gemünzte Silber verschwunden? Und fährt man nicht fort, sich desselben überall als Tauschmittels zu bedienen? Selbst wo die Goldwährung allein feierlich proklamiert worden ist, hat da vielleicht das Silber aufgehört, seine Dienste zu thun? Seine Befugniß als Geld ist eingeschränkt, aber es hat noch immer seinen Anteil, seinen großen Anteil an dem gemeinsamen Werke; es gleicht jenen Ministern, welche unter der Einwirkung einer Krisis ihre Entlassung gegeben haben, aber auf höheren Befehl mit der „Führung der Geschäfte" beauftragt bleiben. Nicht nur setzt man das Silber nur in geringem Maße außer Verkehr, sondern die Prägung des weißen Geldes wird beständig, bald hier bald da, fortgesetzt. Die Generalmünzdirektion von Washington beziffert das Silber, welches von 1882 bis 1891 jährlich in den verschiedenen Teilen der Welt ausgemünzt wurde, folgendermaßen:

---

*) Man weiß, daß neue Goldlager noch ganz jüngst gemeldet worden sind, die einen im Süden von Oregeon, in den Vereinigten Staaten, die anderen auf der Inselgruppe der Philippinen.

Jahre.	Ausmünzung des Silbers in Millionen Dollars.	Jahre.	Ausmünzung des Silbers in Millionen Dollars.
1882	110.8	1887	163.4
1883	109.3	1888	134.9
1884	95.8	1889	139.2
1885	126.8	1890	151.0
1886	124.9	1891	135.5

Und nach derselben Quelle entfallen mehr als neun Zehntel dieser Herstellung auf neues Silber.*) Mehr als eine halbe Milliarde weißen Geldes kommt also jahraus jahrein zu dem bereits vorhandenen Bestande der Völker hinzu. Unter diesen Umständen liegt eine sonderbare Uebertreibung darin, vom Golde so zu sprechen, als ob es allein die Last des gesamten Verkehrs zu tragen hätte. Und wenn es wahr ist, daß für den Gang mancher Geschäfte dem Gold die Mitwirkung des Silbers entzogen worden ist, wird denn nicht das Metallgeld überhaupt, gelbes oder weißes, jetzt in ganz anderem Verhältnis als früher durch jene Sorten von Papiergeld ersetzt, welche von einem Markte zum andern sich im Umlauf befinden, durch die Wechsel, Checks, Tratten, Postaufträge, telegraphische Anweisungen, Coupons und Börsenwerte? Ein Vermögen kann heute in einem Briefumschlag enthalten sein, und dieses Gold, von welchem man sagt, es werde übermäßig hin- und hergetrieben, neigt im Gegenteil dazu, wenn nicht träger, doch wenigstens seßhafter zu werden, als es jemals gewesen ist. Es ist uns also nicht bewiesen, daß die Erhöhung der Kaufkraft des Goldes der thatsächlichen Ver-

*) Die Umprägungen, welche von Herrn Leech in seiner internationalen Statistik verzeichnet sind, belaufen sich, was das Silber anbetrifft, nur auf elf Millionen Dollars im Jahre 1890 und auf neun im Jahre 1891; allerdings scheint die Tabelle dieser Umprägungen nicht ganz vollständig zu sein.

teuerung des Metalls eher zuzuschreiben sei als der thatsächlichen Wertverminderung der verschiedenen Waren, deren Preis in Gold gesunken ist. Das Seltenwerden oder die Vervielfachung des Zahlungsmittels ist nur eine der zahlreichen Ursachen, welche in einem gegebenen Augenblick die Preise zum Fallen oder Steigen bringen können. Daß die Verteuerung aller Dinge im 16. Jahrhundert durch den Silber- und Goldstrom verursacht wurde, der aus der neuen Welt kam, leugnet niemand; aber in jener Epoche wurde der Metallvorrat Europas eben verfünffacht. Daß das californische und australische Gold verhältnismäßig einen ähnlichen Einfluß ausgeübt haben, auch darin stimmen wir überein; aber die Goldproduktion nach 1850 wurde eben in weniger als zwanzig Jahren verzehnfacht. Im Gegensatze dazu hat die erste Hälfte des 18. Jahrhunderts die Preise mehr sinken sehen, als sie es heute thun*), ohne daß die Produktion an Edelmetallen aufgehört hätte zu wachsen. Und als endlich die steigende Bewegung wieder die Oberhand gewann, geschah das zu einer Zeit, wo die Goldproduktion im Gegensatz dazu mehr eingeschränkt wurde. Das sind gegen die anglo-amerikanische Theorie von der Goldverteuerung sehr viele Einwürfe, und sie scheinen uns wohl geeignet, die Ueberzeugungen derer ein wenig zu erschüttern, welche in allen der Welt seit 1875 etwa auferlegten Prüfungen nur die gerechte Rache für die feige Verfolgung eines Metalls sehen.

Aber hier erhebt sich nun die dritte Frage: wenn der Rückgang der Engrospreise nicht durch Erwägungen er-

*) Man vergleiche in dem neuen „Dictionnaire d'Economie politique" bei dem Worte „prix" die Veränderungen der Kaufkraft der Münzmetalle in den vergangenen Jahrhunderten nach Leber, Hanauer und d'Avenel.

klärt werden kann, die sich auf die Münzverhältnisse beziehen, wie soll man ihn denn erklären?

Wir möchten unserseits nicht zu apodiktisch uns aussprechen, denn nichts ist heikler, als dieses ewige Suchen nach den Wirkungen und Ursachen. Aber mag man die Sache nun in der Nähe oder aus der Ferne betrachten, fühlt man sich denn nicht ermächtigt, zur Lösung des Problems noch ganz andere Einflüsse zur Geltung zu bringen als die Einschrumpfung des Geldvorrats? Unser Jahrhundert hat sehr viel Kräfte zugleich ins Spiel gebracht. Es hat das Aussehen der wirtschaftlichen Welt ganz verändert, und um uns hier an seine drei wesentlichen Wirkungen zu halten, es hat die Produktion von Grund aus umgestaltet, die Entfernungen aufgehoben und zugleich das Feld unserer Thätigkeit außerordentlich erweitert. Die Menschen haben sich allerdings vervielfacht, aber das Anwachsen der Bevölkerung ist gering im Vergleich zu der Ausdehnung der bebauten Landstriche, im Vergleich zu den Eroberungen der produktiven Thätigkeit der Individuen. Warum sollte der Niedergang der Preise nicht in einer Menge von Fällen das Resultat der gleichzeitigen Wirkungen der Kolonisation, des Erfindungsgeistes und der Wissenschaft sein? Wenn Eisen um die Hälfte und Stahl um Dreiviertel an Wert gesunken sind, müssen wir das nicht offenbar auf die Bessemer, die Martin, die Siemens u. s. w. zurückführen? Was das Aluminium anbetrifft, so verhält es sich damit sogar noch ganz anders: in derselben Zeit, wo Silber um 38 pCt. fiel, sank dieses junge Metall, während man eine Besserung erwartete, von mehr als hundert Francs auf vier Francs das Kilo, vorbehaltlich weiteren Fallens;*)

*) Man vergleiche in der „Revue des deux mondes“ vom 1. März 1893 die belehrende Studie von Jules Fleury über das

und es ist leicht sich zu vergewissern, daß die Münzfrage mit dieser Erscheinung nichts zu thun hat. Was die Gewerbe anbetrifft, so werden viele heute mit einem Drittel dessen gekauft, was unsere Großmütter dafür bezahlten, aber wie kann man sich darüber wundern, wenn man mit dem alten Spinnrocken und dem Handwebestuhl der guten alten Zeit die wunderbaren Werkzeuge unserer großen Manufakturen vergleicht? Eine gute Strumpfwirkerin machte ehemals 100 Maschen in der Minute; die erste beste Arbeiterin macht mit den wunderbaren Webstühlen, welche man ihr zur Führung giebt, heutzutage deren 500 000. Und so ist es in andren Dingen. Nicht außer Acht zu lassen ist die Verstärkung der menschlichen Betriebsamkeit durch jene fünfzig Millionen Dampfrosse, welche, in Arbeit umgesetzt, einem Effektivbestande von einer Milliarde erwachsener Arbeiter gleichkommen, aber selbst nichts essen als Kohle. Die Chemie hat kaum weniger Wunder erzeugt als die Mechanik, und selbst die Landwirthschaft verdankt ihnen beiden schon viel. Ohne Zweifel können sich die Methoden in der Meierei nicht so vollständig umwandeln wie im Hüttenwerk; aber auch hier wächst der Ertrag, wenn man sich danach anzustellen versteht. Und auf der anderen Seite, wie sollte kein Ueberfluß entstehen aus dieser Verwertung ungeheurer Landstrecken, die sich schnell Europa angenährt haben, wo man für den Preis eines unserer Pachtgüter unumschränkter Herr über eine ganze Ebene werden und dort Berge von Getreide, Berge von Mais, Berge von Baumwolle, von Wolle, sogar Berge von Fleisch anhäufen kann? Man

---

Aluminium. Das Kilogramm Aluminium kostete im Jahre 1856 900 Francs, im Jahre 1857 300 Francs, 1883 90 Francs; seit 10 Jahren ist dieser Preis nacheinander auf 50, 35, 20, 10, 4 Francs gesunken.

erwäge außerdem die Leichtigkeit des Transports, die Konkurrenz der Kapitalien, den Rückgang des Zinsfußes. Man ziehe endlich, wenn man es vermag, die Gesamtsumme aus allen diesen verschiedenen Formen des Fortschritts, und man wird dann begreifen, daß wir uns nicht auf den ersten Anhieb überreden lassen, wenn diejenigen, welche mit ihrem Urteil fix und fertig sind, uns sagen, wäre es auch mit thränenerstickter Stimme: „Alles ist verloren, wenn Frankreich sich nicht beeilt, seine Münzwerkstätten der Prägung der Hundertsousstücke von neuem zu öffnen.“ **A. de Foville.**

Druck von G. Zahn & H. Baendel, Kirchhain N.-L.

Druck von G. Zahn & H. Baendel, Kirchhain N.-L.

Kolibri 360 GmbH
Ferdinand-Jühlke-Straße 7
99095 Erfurt, Deutschland
produktsicherheit@kolibri360.de